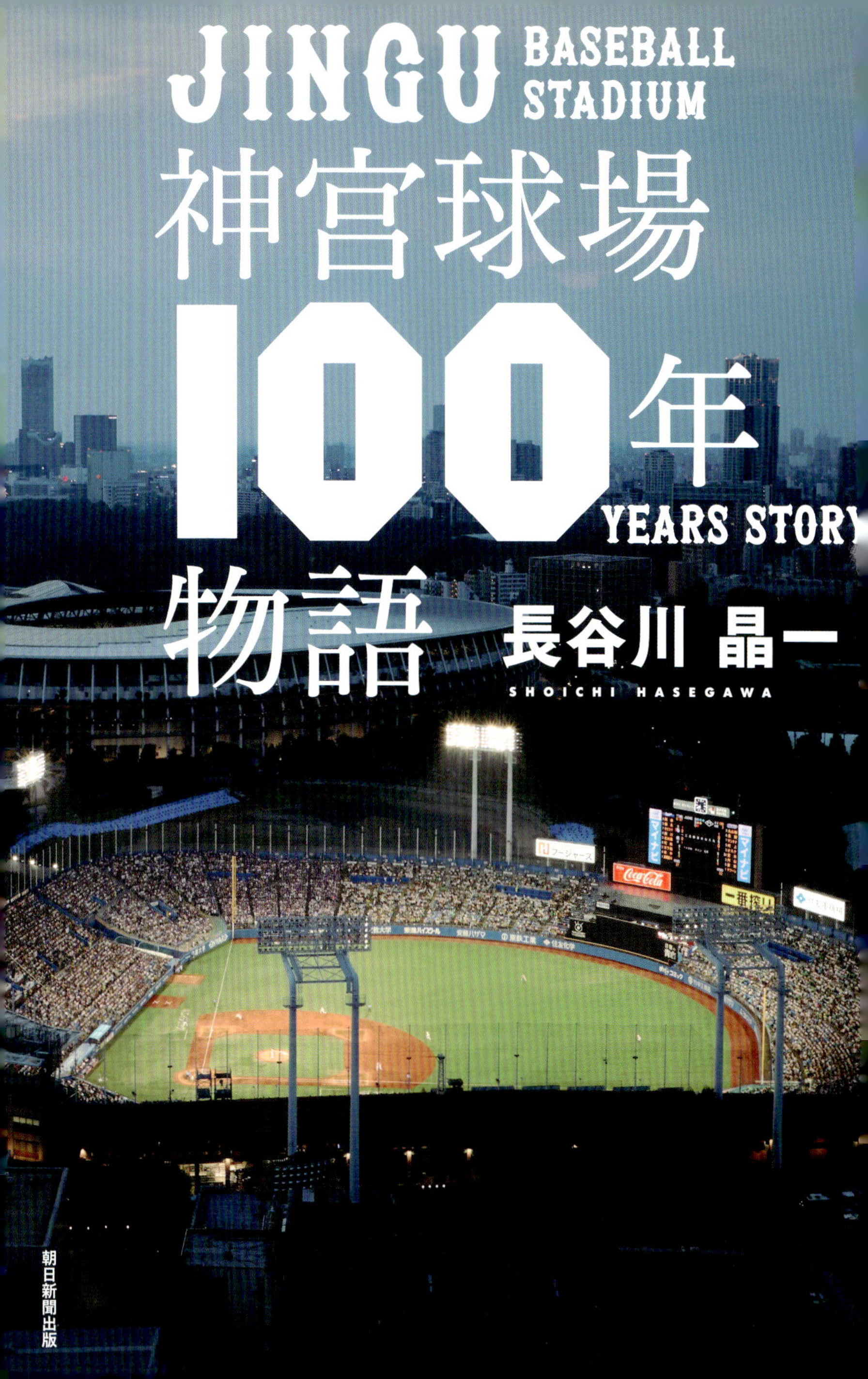
JINGU BASEBALL STADIUM
神宮球場
100年
YEARS STORY
物語
長谷川 晶一
SHOICHI HASEGAWA
朝日新聞出版

神宮球場１００年物語

序章　明治神宮野球場
１００周年を前に

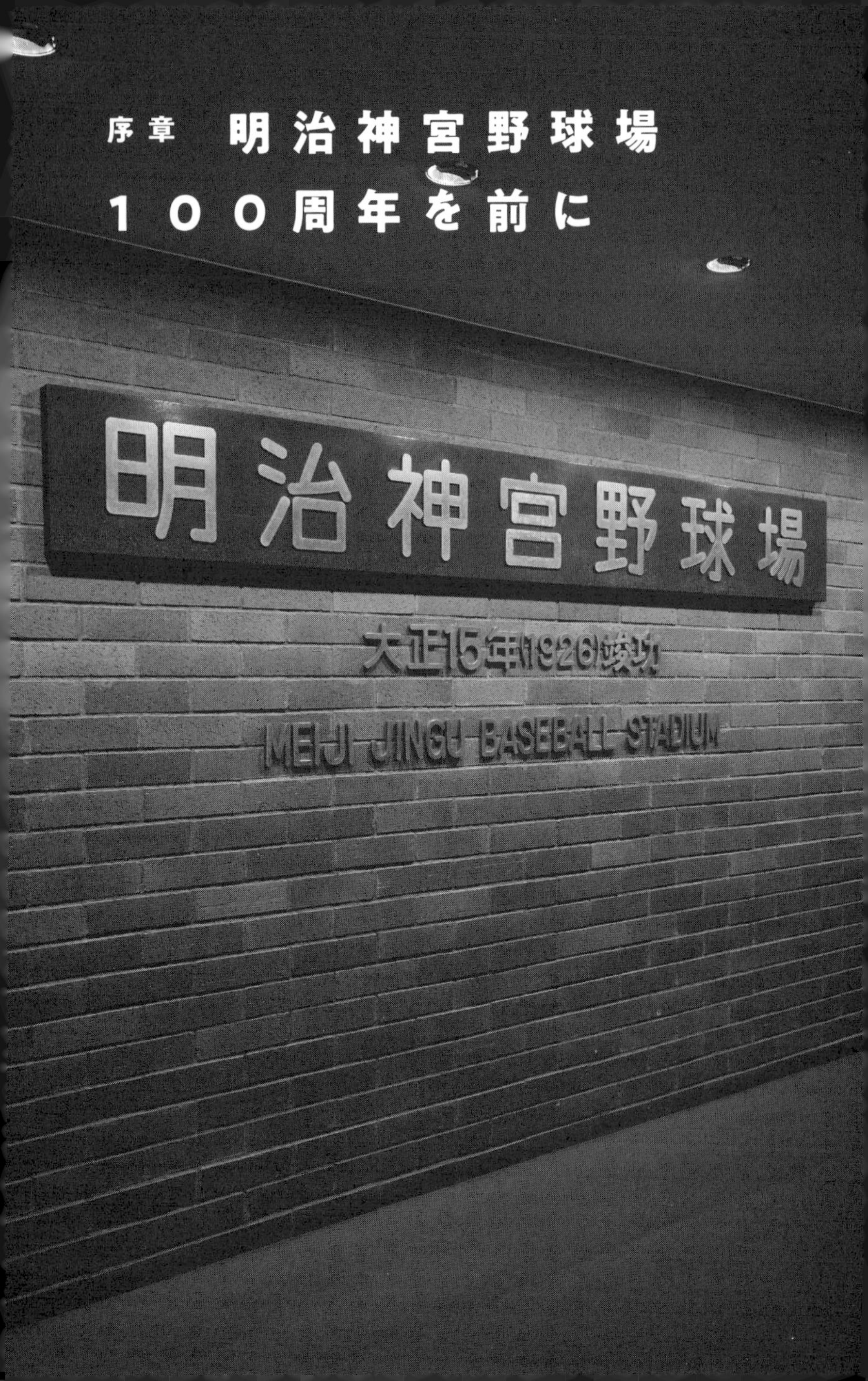

坂本龍一のラストメッセージ

1926（大正15／昭和元）年――。

大正天皇が崩御し、昭和天皇が即位するこの年、明治神宮野球場（以下、神宮球場）が竣功した。『広辞苑』によれば、一般的には「竣工」が用いられ、神社仏閣の場合には「竣功」が用いられるという。神宮球場は「野球場」であるから、ひょっとしたら、「竣工」が正しいのかもしれない。しかし、その母体は宗教法人の明治神宮である。明治神宮外苑が77年に発行した『半世紀を迎えた　栄光の神宮球場』にも「竣功」の文字が使用されている。そこで、本書もそれに倣い「竣功」と表記することにしたい。

東京六大学が建設費用の一部を負担したことから、現在でも東京六大学リーグ、東都リーグなど大学野球の聖地であると同時に、プロ野球では東京ヤクルトスワローズの本拠地として、これまで数々の名勝負が繰り広げられてきた。

住所は東京都新宿区霞ケ丘町三番一号――。

東京・青山に位置し、新宿からも渋谷からも近く、その周囲には日本を代表する大企業や高級ショップが林立している。「都会のど真ん中にある野球場」として、およそ100年にわたって多くの野球人、そしてファンにとっての憧れの場であり続けている。

その神宮球場が、誕生100周年を前に揺れている。

施設の老朽化を理由に、明治神宮と日本スポーツ振興センター（JSC）、そして三井不動産と伊藤忠商事が事業主として再開発を計画。2010（平成22）年、東京都が外苑再整備構想を表明し、15年には球場とラグビー場を入れ替える計画を発表した。

そして、23（令和5）年2月に小池百合子都知事が正式にこの事業を認可し、本格的に再開発がスタートする予定だった。しかし、再開発に伴っておよそ1000本の樹木伐採計画が明らかになると、計画の見直しを求める機運が、地域住民、市民運動家、環境活動家を中心に高まっていく。

この問題が世間の注目を集めるきっかけとなったのが、音楽家・坂本龍一が小池都知事に送った一通の手紙である。同年3月上旬、坂本は、小池のほか、永岡桂子文部科学相（以下、当時の役職）、都倉俊一文化庁長官、吉住健一新宿区長、武井雅昭港区長に明治神宮外苑地区の再開発の見直しを求める手紙を送っている。

そして、それから1カ月も経っていない3月28日に、坂本は71歳で逝去する。まさに「命を賭しての最期のメッセージ」として、世間の注目を集めることとなった。

その一部を引用したい。

東京都都知事　小池百合子様
突然のお手紙、失礼します。私は音楽家の坂本龍一です。

神宮外苑の再開発について私の考えをお伝えしたく筆をとりました。

どうかご一読ください。

率直に言って、目の前の経済的利益のために先人が１００年をかけて守り育ててきた貴重な神宮の樹々を犠牲にすべきではありません。これらの樹々はどんな人にも恩恵をもたらしますが、開発によって恩恵を得るのは一握りの富裕層にしか過ぎません。この樹々は一度失ったら二度と取り戻すことができない自然です。


この後、彼が暮らすアメリカ・ニューヨークや、ロスアンゼルスでの大規模な植林キャンペーンを紹介した後に、改めて神宮外苑再開発について綴られる。

いま世界はＳＤＧｓを推進していますが、神宮外苑の開発はとても持続可能なものとは言えません。持続可能であらんとするなら、これらの樹々を私たちが未来の子供達へと手渡せるよう、現在進められている神宮外苑地区再開発計画を中断し、計画を見直すべきです。

東京を「都市と自然の聖地」と位置づけ、そのゴールに向け政治主導をすることこそ、世界の称賛を得るのではないでしょうか。

そして、神宮外苑を未来永劫守るためにも、むしろこの機会に神宮外苑を日本の名勝として指定していただくことを謹んでお願いしたく存じます。

あなたのリーダーシップに期待します。

令和5年2月24日　坂本龍一

坂本のラストメッセージは多くの人々の心を打った。同時に、この問題に関心を持つ人が増え、「環境を保全せよ」「歴史的、文化的建造物を大切にせよ」という声が大きくなるとともに、市民運動家による活動も活発化していくことになる。

神宮外苑再開発問題は社会問題化していた。

「いつも、気づけば神宮に」

個人的な話をさせてもらいたい。

私にとって神宮球場は特に思い入れのある場所、まさに「聖地」である。幼い頃からヤクルトスワローズの大ファンだった。初めてこの球場で観戦した9歳の頃から、現在に至るまで45年にわたって足繁く通い続けている。40代後半からは年間シートを購入し、神宮球場で行われるスワローズの試合は、ほぼすべてこの目で観戦してきた。

また、早稲田大学時代には「早慶戦」はもちろん、時間を見つけては春と秋のリーグ戦で母校の応援を続けてきた。プレイヤーではなかったけれど、一ファンとして、とても思い入れがあり、とても大好きな球場、それが神宮球場だ。

17年には個人的なスワローズ史を描くべく、『いつも、気づけば神宮に　東京ヤクルトスワローズ「9つの系譜」』（集英社）という本を出版した。この本の終章では、書名でもある「いつも、気づけば神宮に」と題して、こんな文章を載せている。これは、『週刊ベースボール』（ベースボール・マガジン社）の「進化する〝球場〟特集」（16年6月13日号）の巻末コラムとして書いた拙稿が基になっている。

【いつでも、そこに――】

はやる気持ちに、自分の足がうまく追いつかない。前につんのめりながら、何度も転びそうになりながら、息せき切って階段を駆け上がり、踊り場まで来ると一気に視界が開ける。大きな月が浮かぶ夏の夜空に映える鮮やかな人工芝のグリーンと、巨大な照明塔のカクテル光線。そして興奮のために上気した表情の大観衆……。

一瞬、目がくらむ。暗いところから明るい場所に出たせいなのか？　それとも、「これから野球が始まる」という内なる興奮のためなのか？

ダイヤモンドを見渡すと、目の前には白地に赤いストライプの入ったユニフォームを着て躍動する選手たちの姿が目に飛び込んでくる。

（あぁ、野球場だ……）

その瞬間から、僕はしばらくの間、夢見心地のときを過ごすのだ。三十数年前に初めて神宮球場を訪れたときの興奮を今でも忘れることができない。少年の頃に覚えた、何とも言えない高揚感は不惑を迎えた今も変わらず、僕の胸に息づいている。

これが、私にとっての神宮球場の原体験であり、今も変わらぬ球場への思いである。そして文章は、こんな言葉で結ばれる。

一体、僕は今までここで何試合を見てきたのだろう？　子どもの頃から始まり、思春期真っ只中の頃、初めてのデート、浪人時代、大学時代、就活中にスーツ姿で来たこともある。

社会人になってからは仕事を抜け出して何度も来たし、会社を辞めようか悩んでいたときもあった。独立してからは原稿が煮詰まると、気がつけばスタンドに座っている。一人の男の人生に寄り添うようにして、いつでもそこにスタジアムはある。

それがとても僕には心地いい――。

この文章を書いてからすでにかなりの時間が経過し、「不惑を迎えた」私はすでに五十路を過ぎている。それでも、ここに述べた思いは何も変わっていない。

再開発推進派でもなく、反対派でもなく……

さて、改めて神宮外苑再開発問題である。

前掲書『いつも、気づけば神宮に』を書く際に神宮球場の成り立ちを知りたくて、冒頭で紹介した『半世紀を迎えた　栄光の神宮球場』を手に入れた。これは関係者のみに配られた私家版であるが、どうしても手元に置いておきたく、苦労して入手したものだ。

それは資料的価値にあふれる一冊だった。神宮外苑の沿革が詳細に記され、多くの関係者の証言も丁寧に記録されていた。一連の記事を読んでいると、部外者であることは承知しているが、私にとっても神宮外苑再開発問題はますます他人事ではなくなった。

最初に述べておくと、この時点の私は「再開発賛成派」でもなければ、「反対派」でもなかった。心情的に言えば、「思い入れの強い歴史的建造物を未来永劫、保存してほしい」という思いはありつつも、日頃からこの球場を利用している一ファンとして、老朽化によるさまざまな不具合の解消を求めたい思いもあり、どっちつかずの思いだった。

毎日のように神宮球場に通っていると、さまざまな不具合や不便さを実感する。

段差の異なる階段でつまずくのは日常茶飯事で、座席間隔が狭いため、いつも窮屈な思いで観戦をしている。試合前、イニング間、そして試合終了直後には多くの観客でごった返してしまう極狭のコンコース。球場外周の狭い道路では人間と車が行き交い、安全面でも問題がある。バリアフリーへの対応も他球場と比べるとほぼ未整備といっていい。

大好きな神宮球場ではあるけれど、それでも、他球団の本拠地球場を訪れるたびに、その快適さ、便利さに「羨ましいなぁ」と思うことはしばしばあった。

再開発問題が話題となってすぐに、市民運動家による反対集会に参加した。現状、何が問題になっているのかを知りたかったからだ。カンパとして数千円を払い、「SAVE　JINGU」と染め抜かれたTシャツも2枚購入した。そこでは、すでに新聞で報じられている「再開発の問題点、課題」が取り上げられていた。

1926年の創建当時に風致地区に指定され、豊かな自然環境が守られてきた景観を破壊することに対する批判。さらに、26年に創建された神宮球場、戦後間もない47年に誕生した秩父宮ラグビー場の建て替えに対する批判である。会場で配られた資料『GAI—EN FUTURE（外苑フューチャー）002』には「神宮外苑再開発の問題点」として、次の5項目が列挙されていた（以下、原文ママ）。

・イチョウ並木が枯れて木もれ日が消えるかもしれない
・高さ185mと190mの超高層ビルの出現で景観が破壊される
・神宮球場は移転建て替えし、日が当たらず、ビル風が吹く球場に
・建国記念の森にラグビー場建設　樹木伐採で森は消滅
・都市計画公園の指定を一部削除、事業者主導の商業施設やビル建設へ

この日登壇したオンライン署名発起人、スポーツライター、建築士、野球ファンはいずれも、事業者である明治神宮と日本スポーツ振興センター（JSC）、三井不動産、伊藤忠商事、そして工事を認可した小池都知事を激しく批判した。

その説明を聞きながら、「なるほど……」とは思ったものの、壇上で熱弁する人々のように「絶対に再開発を阻止すべきだ」とは感じなかった。

それは、自分でも意外な感覚だった。

議論を聞いた上でもなお、私の心の奥底では「神宮内苑護持」、そして「神宮球場の諸問題解決」のためには、「やはり、再開発は必要なのではないか？」という思いが消えなかったのである。

神宮球場を巡る私的な探訪の始まり

それ以降、断続的に「神宮外苑再開発問題」はマスコミ上をにぎわせた。これらの報道を丹念に読み、ときには記事をスクラップしたり、ファイリングしたりしながら、その動向に注目していた。

さらに、明治神宮の日々の活動を支える「明治神宮崇敬会」にも入会した。「内苑」と呼ばれる人工林である明治神宮を護持するためには多大な経費が必要となる。「せめて、その一助に」との思いで、年会費1万円を支払って入会したのだが、明治神宮ミュージアムや聖徳記念絵画館の無料拝観特典があったり、年末には「神符」と呼ばれるお札が届いたり、パワースポットとして名高い「清正井《きよまさのいど》」も無料で拝観することができる。おかげで、ちょっと時間が空いたときには、しばしば明治神宮を訪れる機会が増えた。

明治神宮内苑の自然を護持するために、膨大な手間と金を必要とすることを理解した。それを可能にするために、神宮球場や秩父宮ラグビー場で得た収益を維持費に充てていることも再認識した。

再開発反対運動を続ける人々の主張も理解できる。けれども、内苑護持のための諸経費はどうやって捻出すればいいのか？　経費捻出において、最大の稼ぎ頭である神宮球場はこのままでいいのか？　反対運動派が訴える、「建て替えではなく、大規模補修を」という主張は本当に現実的なものなのか？

24年10月には国際記念物遺跡会議、通称「イコモス」の石川幹子理事が「明治神宮は外苑・内苑を国に寄付すべきだ」と提言した。元々は国が寄進した土地とはいえ、現在は明治神宮の所有地である内苑・外苑に対して「寄付して、国有化すべきだ」というのはあまりにも暴論ではないのか？　政教分離の大原則はどうなるのか？

私にはわからないことばかりだった。

大好きな神宮球場が、今後どのような道のりを歩んでいくのか？

まずは明治神宮に関する書籍を大量に取り寄せ、次々と読んでいった。そして、神宮球場に関わりのある人々に直接、話を聞きに行くことを決めた。

それが23年春のことだ。

もちろん、この間も神宮球場に駆けつけ、スワローズの「応燕」に励んだ。気がつけば、取材期間は2年に及んだ。スワローズは2年連続で5位に沈み、私はこの2年間で130試合近く、勝ったり、負けたり、負けたりと、一喜一憂ならぬ「一喜二憂」の日々を過ごした。

この間には、先に述べたイコモスによる提言など、再開発に関する進展もあった。開発事業主もまた反対派の質問に答える形で情報提供を行い、開発計画の見直しを進めることにもなった。事態は刻々と変化している。


まもなく、2026年がやってくる。

神宮球場誕生100年が目前に迫ってきた。かつてこの球場でまばゆいばかりの一瞬を過ごした者たち、そして今でも神宮球場に関わっている人々はどんな思いで、この再開発問題をとらえ、どのような思いを抱いているのか？

彼らは神宮球場のどんなところに魅了されたのだろう？

神宮球場の魅力とはどんなところにあるのだろう？

そんな疑問を解決する旅に出よう。

旅の途中で、どんな光景を見ることができるのか？

そのとき私は、何を感じるのか？

地図もコンパスも持たずに、まずは好奇心の赴くまま歩き出してみたい。知っているつもりの神宮球場の新たな一面を、ぜひこの目で見てみたい。１００年の歴史と伝統を全身で感じてみたい。

神宮球場を巡る私的な探訪に、しばしおつき合いいただきたい——。

明治神宮野球場100年の変遷

1926（大正15）年に竣功した明治神宮野球場。100年の間に球場、施設、周辺も風景も様変わりした。その変遷を紹介する。

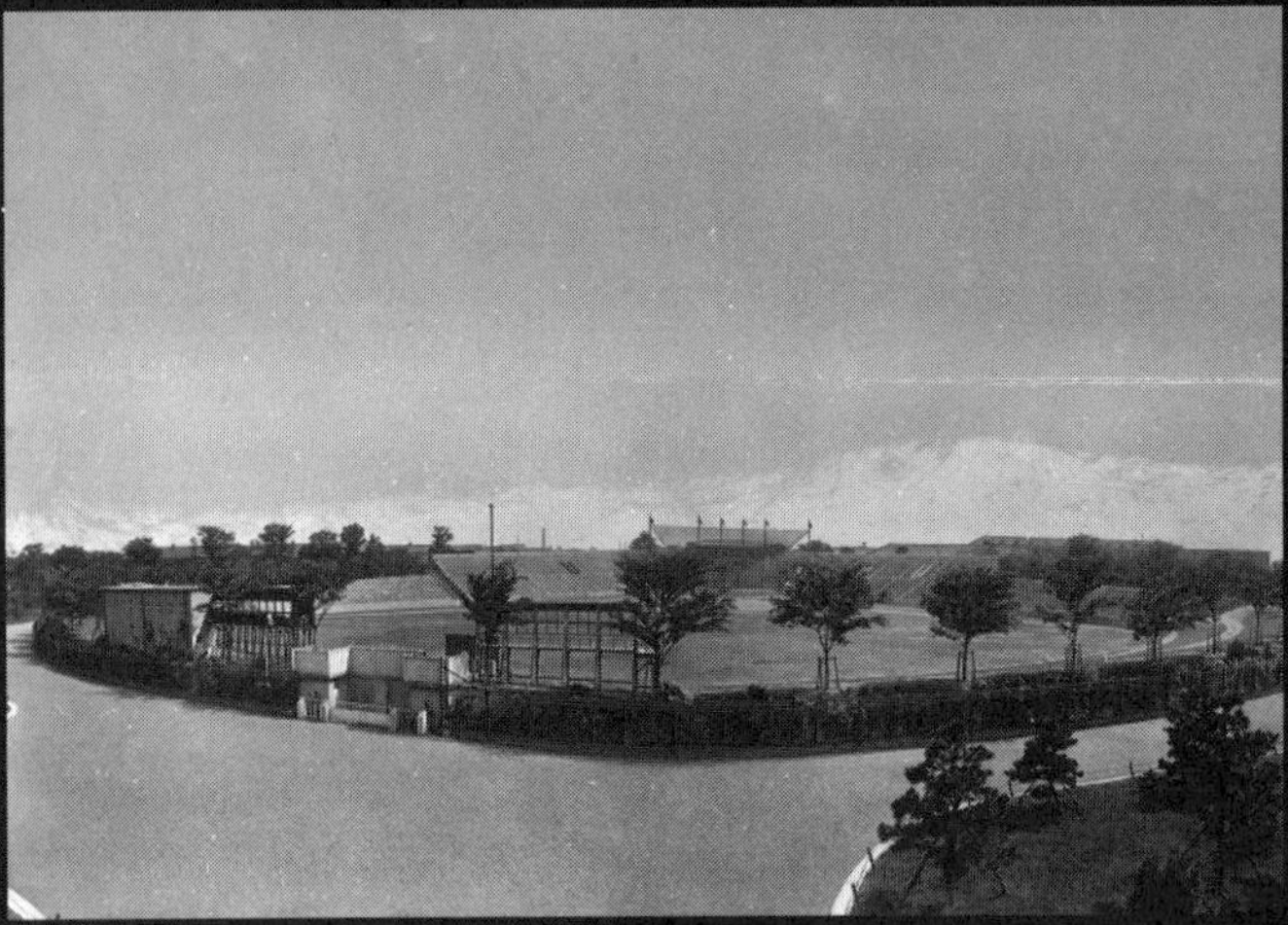

1926年 創建当時の神宮球場の全景。1926（大正 15）年 10 月22 日に竣功し、左下がグラウンド、右が球場正面。

1929年 4 月 21 日、神宮球場で初の東京六大学野球リーグ戦の入場式が行われる。

1931年

5月9日に球場拡張工事竣功。この際の内外野の拡張工事で、現在も残るアーケード型通路が完成した。

1945年

5月25日、東京都の貯蔵庫として使用されていた神宮球場は空襲で大火災に。写真は終戦時の球場正面。

1949年

6月14日、満員の早慶戦。神宮球場は米軍に接収されていたため、1952年まで数試合しかリーグ戦が開催されなかった。

1955年

東京六大学・東都大学野球リーグ戦など、学生野球黄金時代を迎える。昭和30年には年間336試合も開催された。

1961年

4月19日、神宮第二球場竣功。創建当時はセンター方向に神宮球場が見えていた。

1964年

東京オリンピックのデモンストレーション・ゲームとして日米大学選抜チームの試合を開催。軟式球場は練習場に。

1962年

東京オリンピックで使われるため、ネット裏のメインスタンドが屋根付きの2階建てになるなど増改築が行われた。

1978年

外野スタンドを全面的にプラスチック製の椅子席（約8000席）に改築。収容人数が5万5000人に。

1968年

11月3日の明治神宮例祭（文化の日）を中心に、明治維新100年記念明治神宮野球大会が開催。

1980年 3月15日、後楽園・横浜・西武に次いで4番目に電光式スコアボードが竣功。

1982年 3月17日、西ドイツ製の透水性人工芝敷設。当時、野球場で使用されるのは世界で初めての試みだった。

1995年 エンタイトルツーベース防止のため、外野フェンスに高さ1.5mの金網フェンスを設置。スコアボードも改修。

1986年 前年からグラウンドの照度アップと設備の近代化を図るため内外野の照明塔設備を改良。

2014年 正面外装をリニューアル。同年から2016年の3期にわたり、耐震補強工事・リニューアル工事が竣功される。

2008年 スコアボード改修、人工芝張替、グラウンド拡張、バックネット改修などリニューアル工事竣功。

目次

写真提供：朝日新聞社、土木学会附属土木図書館
撮影：佐藤創紀（朝日新聞出版　写真映像部）

第一章
103歳の生き証人
――イチョウ並木をめぐる騒動

きっかけは、新聞読者欄の「ある投書」から

2023（令和5）年6月27日付の東京新聞の読者投稿欄「発言」に興味深い記事が掲載された。投稿者は「無職　中里富美雄」で、年齢は103歳とある。「外苑のイチョウを守って」と題された投稿の一部を引用したい。

再開発が社会問題になっている明治神宮外苑のイチョウ並木は、私が大学生のときに植えた、わが子のような木々だ。

昭和十三（一九三八）年九月一日、関東地方を大型台風が襲い、このイチョウ並木を全部なぎ倒した。死者約百人、全壊家屋千五百戸を超える被害が出た台風で、都内の街路樹なども大きな被害を受けた。都内の大学生らが植樹作業に駆り出され、私たちに割り当てられたのがこのイチョウ並木だった。

神宮外苑のシンボルであるイチョウ並木を植えたという人物からの投書だった。

このイチョウ並木は、投書のちょうど100年前となる1923（大正12）年、明治神宮外苑建設の一環として、新宿御苑で採取した種子から育て、高さ6mほどに成長したイチョウ1

46本を植樹したという。青山通り側の青山口から聖徳記念絵画館に向かって背の高い順に植え、遠近法により絵画館を引き立たせる工夫がなされている。

地下足袋と軍手を支給された中里氏は、38年の台風直後に50人ほどの仲間たちとともに神宮外苑に勤労奉仕に出かけた。そして、投書は次のように結ばれる。

当時は二メートルほどの若木だったが、今は樹齢百年超の大樹になり、首都東京の代表的な景観になっている。このイチョウ並木が都市再開発の名の下に痛めつけられることのないよう願ってやまない。

一説によると、植樹当初は「高さ6m」と言われていたイチョウだが、この投書によると「二メートルほどの若木」に植え替えたとある。それまでに入手した資料には植え替えに言及したものは一つもなかった。初めて知る事実に内なる興奮を隠せない。

この記事を読んで、「中里氏に会いたい」と思った。その名前で検索するとすぐに、彼にまつわる情報がヒットした。彼は作家、エッセイストとして活躍し、日本文藝家協会にも加入しているという。そこで、『文藝年鑑2023』を参照してみると、そこには住所も電話番号も明記されていた。

編集者に相談すると、すぐにご本人に話を伺う手はずを整えてくれた。すでに夏の到来を予感させる7月上旬、中里氏の自宅を訪れることが決まった。

100歳を過ぎた方にインタビューをするのは初めての経験だった。彼にとって、神宮外苑とは、そしてイチョウ並木とはどのようなものなのか？　どうして彼は、このタイミングで投書をしたのか？　彼は神宮外苑再開発をどのようにとらえているのか？

聞きたいことはたくさんあった。

陸軍士官学校出身のエリート

「年齢が年齢なので、このように家の中でも杖をついています。難聴で、ちょっと耳が遠いですけど、何でも聞いてください」

埼玉県の自宅で、中里氏は元気に出迎えてくれた。本人の言葉にあるように「足腰が弱くなって……」と杖をついていた。初めはこちらの質問が聞き取れなかったり、その意図が正しく伝わらなかったりするなど、ぎこちないやり取りが続いた。それでも、大きな声で、ゆっくりと、そしてハッキリと質問することで、少しずつ会話が成立していく。「自分は今、103歳の方にインタビューしているのだ」ということを早々に実感した。

その手元には、新聞記事のコピーや自筆のメモなど多くの書類があった。この日の取材に備えて、事前に準備してくれていたものだった。

「投書が掲載されたのは6月27日。書いて送ったら、すぐに載りました。謝礼も送られてきました。小さな記事だったけど、新聞の反響は大きいものですね。ずいぶん、いろんな人から電話をもらいましたよ」

投書の内容に触れる前に、まずは中里氏の来歴を尋ねた。

1920年5月、埼玉に生まれたというから、彼が3歳のときに外苑のイチョウ並木が植樹されたということになる。あのイチョウの植樹時期よりも、目の前の老人の方が「先輩」であるという事実に、改めて驚きを禁じ得ない。

38年9月の台風襲来時、中里氏は18歳で、東京学芸大学の前身である東京府青山師範学校に通っていた。

「大正9年、埼玉県の加須で生まれました。地元の不動岡中学、今の不動岡高校に進学後、現在の学芸大学の前身の学校に進みました。やがて徴兵され、軍隊で4年間過ごし、戻ってきてからは國學院大学に入り直しました」

応召後は、千葉・佐倉の第五十七連隊を皮切りに、東京・六本木、群馬・前橋、北海道・札幌を転々とし、帯広の陸軍・緑ケ丘飛行場で終戦を迎えた。22歳から25歳までの4年間を軍隊で過ごし、終戦時は陸軍中尉となっていた。

「今、六本木に国立新美術館がありますよね。昔はあの辺りは龍土町といったんです。そこには歩兵第三連隊が置かれていて、兵舎もそこにありました。私はしばらくそこにいたのですが、青山の演習場に向かうときにはイチョウ並木の前を通るんです……」

このとき中里氏はしばしば、「あのイチョウ並木はオレが植えたんだぜ」と、仲間たちに自慢したという。彼が口にした「歩兵第三連隊」は36年2月26日の軍事クーデター、いわゆる「二・二六事件」を主導したことで知られている。また、「龍土町」は江戸川乱歩の小説に登場する私立探偵・明智小五郎が事務所を構えていた場所として設定されており、現在の港区六本木7丁目の辺りである。

中里氏による戦時下の思い出話はなおも続く。

「予備士官学校で訓練を受けた同期の3分の1は南方に行き、ほとんど死にましたよ。配属は自分で決められるものではないから、私は運がよかったんです。もしも、運命の歯車が逆に回って南方に配属されていたら、私はここにはいなかったでしょう。星1つの二等兵から始まって、幹部候補生となって陸軍士官学校に入って、将校になった。それで見習士官として帯広に行ったんです。一般の人はなかなか士官にはなれないけれど、私は大学生だったので、選考を受けて合格して幹部候補生になったのです……」

戦争を経験した人物の言葉は重い。

「……玉音放送を聞いたときのこともよく覚えています。空しい気持ちと悔しい気持ちがあったけれど、やっぱりホッとした思いの方が強かった。内心では、〝早く戦争が終わればいいな〟と思っていましたからね」

中里氏の話を聞いていて、かつてモノクロ映像で見た「学徒出陣」の光景が頭をよぎった。雨の降りしきる中、多くの学生たちが一糸乱れぬ隊列で行進をする、あの光景だ。その舞台となったのが、神宮外苑競技場である。

「中里さんも学徒出陣を経験されたのですか？」

質問を投げかけると、「いえいえ」と切り出し、穏やかな口調で続けた。

「学徒出陣というのは、私たちの1年後のことでした。あの日、私の後輩の姿もありました。あの頃の大学生は本当に気の毒でしたよ。優秀な者がみんな軍隊に引っ張られた。そして、みんな死んじゃったんですから……」

学生時代に授業で学んだこと、ニュース映像で見たことが、リアルなものとして少しずつ色彩を帯びてくる。戦前の外苑が、私の胸の内に湧き上がってくる実感があった。

国破れて山河在り、城春にして草木深し

43年6月、閣議により「学徒戦時動員体制確立要綱」が決定された。それまで、大学、旧制高等学校の学生は26歳まで兵役を猶予されていた。しかし、同年10月1日より、当時の東条英機内閣の下、「在学徴集延期臨時特例」を公布。理工系、教育養成系学生を除く、文科系学生の徴兵延期措置を撤廃した。軍靴は目前まで迫っていたのだ。

そして迎えたのが10月21日、明治神宮外苑競技場で行われた出陣学徒壮行会である。同日には台湾・台北で、30日には朝鮮・京城（現・ソウル）で、11月3日には満州国・新京（現・長春）、ハルビン、奉天、大連でも壮行会が行われている。

東京近郊77校、2万5000人の学生たちが銃を担いで一糸乱れぬ隊列を組み行進する。スタンドでは女子学生も含めた96校5万人の学生が、それを見守っている。

あのとき、神宮外苑もまた、戦時色一色に包まれていたのだ。

前述したように、中里氏も徴兵され、各地を転々とする日々を送った。その頃、東京では45年3月から5月にかけて大規模な空襲被害に見舞われている。特に3月10日のいわゆる「東京大空襲」には胸を痛めたという。

「私が北海道・帯広の第一飛行師団にいた頃、東京大空襲がありました。その知らせを受けて、真っ先に頭に浮かんだのが神宮外苑のイチョウ並木のことでした。仲間たちと植樹したイチョウのことです。〝イチョウは無事だろうか、燃えていないだろうか?〟という思いでした。まるで自分の子どものような思いになっていました」

終戦後、中里氏はすぐに外苑に足を運んだという。

「昭和20年10月に東京に戻ってきて、真っ先に駆けつけました。あのイチョウ並木は黄葉の時期がとてもきれいです。自然ならではの美しい黄色のじゅうたんを敷き詰めたようになりますからね。私が訪れたときは黄葉前ではあったけれど、そのほぼすべてが無事だったので、本当に安心しました」

知らず知らずのうちに、私は彼の話にすっかり引き込まれていた。そして中里氏は「命からがら東京に戻ってきて見た光景が忘れられない」と言った。

「東北本線で上野に戻ってきました。辺りはすっかり瓦礫の山でした。上野駅はコンクリートのホームしか残っていない。辺りは完全に焼き尽くされ、浅草まで見通すことができました。瓦礫、瓦礫、瓦礫でした……」

脳内に浮かんだ当時の映像を、ゆっくりと丁寧に再現しているように彼は続ける。

「……でもね、驚いたのはその翌年の春。瓦礫の山から小さな芽が吹いていたことです。あんな状態になっても、それでも若葉は芽を出していたんです」

帰国後、國學院大学に入学し、改めて国文学を学んだ。さらに東京大学に在籍したこともある。そして高校の古文教諭となり、都立日野高校の校長も務め、桜美林大学では中国文学科で教鞭を執った。国文学研究者でもある中里氏は、噛み締めるように言った。

「まさに、杜甫の詩ですよ。生命の力強さを実感すると同時に、〝戦争で負けるということは、こういうことなのだな〟と思い知らされましたね」

そして、彼は杜甫の「春望」を諳《そら》んじた。

國破れて　山河在り
城春にして　草木深し

静かな部屋に、中里氏の声が響き渡った——。

終戦とともに、神宮内苑、外苑は占領下に

明治神宮は内苑、外苑ともに、１９２６年の完成以来、内務省神社局が管轄しており、40年11月に内務省の外局として神祇院に昇格後も、それは同様だった。

繰り返す。神宮は内苑、外苑ともに国の管轄下にあったのだ。戦争末期になると、神宮外苑は陸軍が使用するようになり、神宮球場は倉庫となった。後に2021年、東京オリンピック2020において、同球場が資材置き場として使用されたことは因縁深い。

45年の空襲では、神宮内苑の本殿や拝殿は焼失し、神宮球場は三塁側スタンドに焼夷弾が落ち、その炎が倉庫に引火したことで甚大な損害を被っている。

そして8月15日、戦争が終わった。

連合国軍はソ連軍の日本進出を防ぐために対日占領政策を早急に進める。8月30日に連合国軍総司令官のダグラス・マッカーサーが神奈川県厚木飛行場にやってくると、すぐにさまざまな対応策が講じられる。

9月8日にはアメリカ軍部隊が東京に進駐を開始する。15日にはグロリー少佐以下、500人の兵士が明治神宮外苑競技場に進駐し、競技場や野球場を接収した。この瞬間から、神宮外苑は米軍の管理下に置かれることになった。

神宮球場は「ステートサイド・パーク（stateside park）」と名づけられた。「stateside」とは「アメリカ本土の」という意味である。日本国土でありながら、神宮球場は「アメリカ本土の」球場となったのである。同時に水泳場は白人専用プールとなり、後に第二球場となる相撲場は「メイジボウル」と命名され、ボクシング場として使用されることになった。黒人差別撤廃のための公民権運動への意識が高まるのは、さらに先のことだった。

ここで指摘しておきたいのは「中央広場」の位置づけである。

戦前、戦中には、一面に芝生が敷き詰められていた美しい広場は「神宮レクリエーショナル・フィールド」と名づけられ、進駐軍のレクリエーション用としてテニスコート、ソフトボール場などが設置された。ここが、現在の軟式野球場となっている。

これにより、青山通りのイチョウ並木から絵画館に連なる一本道は分断されることになった。現在、絵画館とイチョウ並木の間には軟式野球場がある。フェンスで遮断されていて、迂回を余儀なくされているのはそのためである。

また、国家神道の時代は終焉を迎え、46年2月2日に神祇院が廃止されると、その翌日からは宗教法人神社本庁の管理下となり、さらに時間が経過した52年10月、宗教法人明治神宮が認可されることになる。

神宮内苑、外苑は国の管轄を離れ、内苑は一宗教法人に、外苑はアメリカの占領下に置かれることになった。これが、戦後間もない時期の「現実」だった。

泥だらけになりながら、50人の学生が150本を植樹

話が脱線した。中里氏とのやり取りに戻りたい。

改めて、投書をするきっかけを尋ねると、彼の口から飛び出したのは「坂本さん」というフレーズだった。もちろん、坂本龍一である。

「きっかけは坂本さんの新聞記事を読んだからです。坂本さんが〝外苑を守ろう〟という手紙を小池都知事に出したという記事を見つけました。それで、いろいろと関連記事を読んでみると、東京新聞と毎日新聞が熱心に報じていて、イコモスの警告も無視して、東京都は再審査をしないということを知りました。それで、〝東京都、けしからん。私も声をあげなければ〟という思いで、この手紙を書いたのです」

中里氏が口にした「イコモス」とは、「International Council on Monuments and Sites」の頭文字を並べた「ICOMOS」の略称で、日本語では「国際記念物遺跡会議」と訳されるユネスコの諮問機関である。イコモスは世界の歴史的な記念物、あるいは歴史的建造物、文化遺産および遺跡の保存に関わる専門家が集った国際的な非政府組織であり、各国の文化遺産などを保全、保護する役割を担っている。

「小池都知事らへの手紙を投函してしばらくして坂本さんは亡くなってしまいました。まさに

遺言ですよね。本当にいい発言をしてくれたと思います。それで、私も投書をすることに決めました。それは、《責任感》というよりは、《同感》であり、《共感》と言った方が適切だと思います。やはり、有名な人の発言には影響力がありますね」

続けて「38年9月」について尋ねた。

「昭和13年に太平洋沿岸に大きな台風がやってきました。それで、神宮外苑のイチョウ並木も倒されてしまったんです」

台風翌日となる2日付『朝日新聞』夕刊には、「帝都の全半壊五百戸」などの見出しとともにこんな記述がある。

神宮外苑は未曾有の被害。競技場入口の櫻並木は全部倒れ伏し大木だけでも千本に達し松林が全滅した個所もある（原文ママ）。

記事には「競技場入口の櫻並木」とあり、「松林が全滅した個所」の記述はあるものの、「イチョウ並木」という表記はない。中里氏は続ける。

「いわゆる《勤労奉仕》ということで、私たちも駆り出されました。そして、私たちの大学に割り当てられたのが神宮外苑でした。台風から2日後ぐらいでしたかね？　寮母さんが握り飯を作ってくれて、それを持って50人ほどで出かけました」

当時、中里氏が住んでいた学生寮は大泉学園にあった。今となっては、記憶は朧気ではあるが、「そこから池袋に出て、山手線に乗って原宿で下車したのではないか」と彼は言う。

「作業は大変でした。全部で150本近く植樹したんじゃないですかね。ということは、一人3本程度という計算になりますね。新しい木を植えるというよりは、吹っ飛んで抜けてしまった木を植える作業が中心でした。まずはシャベルで穴を掘って、抜けてしまった木を植えて、肥料を混ぜた土を足で踏み固めて支柱を立てて……。泥だらけになりながら、そんな作業をした記憶がありますね」

これがあの日、18歳の中里氏が体験した夏の日の顛末である。

それからおよそ85年もの月日が流れたのである——。

「私は再開発には反対していない。でも……」

通されたリビングからは手入れの行き届いた庭先が見える。「85年」という時間の重みをしみじみと感じさせる静謐な時間が流れていた。

ここまでの話を聞いていて、中里氏は一つ誤解していることに気がついていた。

実際のところ、彼が危惧しているようなイチョウ並木の伐採計画はない。事業者が発表した計画によると、イチョウ並木は現状のまま残されることになっていた。神宮外苑再開発が注目されるようになって以来、ＳＮＳを中心に「イチョウ並木伐採反対」という意見が散見されたが、それは正確ではない。

発表によれば、この時点ではイチョウ並木の西側８ｍに、高さ20ｍの新神宮球場が新設される計画となっていた。後にこの計画は修正されることになるのだが、それは後述したい。つまり、イチョウ並木は保全されるのである。

では、再開発反対派は何を問題にしているのか？

「神宮外苑の未来を考える有志」が発行した『ＧＡＩ―ＥＮ　ＦＵＴＵＲＥ（外苑フューチャー）００２』には、こんな記述がある。

光に輝くイチョウ並木は失われてしまう

再開発では西側イチョウ並木の８ｍの近距離に、高さ20ｍの神宮球場が新設され、日差しにきらめく樹々の風景は失われる。地下40ｍに及ぶ杭の施工は、イチョウの根を傷つけ、水系を断ち、生育の阻害が懸念される。すでに数本のイチョウに枯損が見られ、これ以上の負荷がかかるのを避けなければならない。緊急の対策が求められている。

彼らが問題視しているのはイチョウ並木の地下水系であり、それに伴うイチョウの根の損傷の可能性であり、決して「イチョウ並木伐採」ではない。この点を伝えると、彼は「そうでしたか……」と言い、こう続けた。

「私は再開発には反対していないんです……」

中里氏が意外な言葉を切り出した。続く言葉を待った。

「……古くなって不具合が生じたところに手を入れるのは当然のことですから、再開発が必要なこともあるでしょう。しかし、イチョウ並木のことだけは心配でなりません。やはり、自分の子どものような感覚を抱いていたものですから」

2022年秋、中里氏は次男を亡くした。膵臓癌だったという。子どもを亡くす辛さを身に沁みて経験していたからこそ、イチョウ並木に対する「自分の子どものような感覚」という言葉に、さらなる意味が加わってくる。

「仏教では、年長者が年少者の供養をすることを逆縁といいます。長く生きていると、たくさんの楽しいことを見聞きできてありがたいですが、その反面では悲しいことに出会うことも多いものです。そして、もっとも大きな悲しみはわが子に先立たれることです……」

それまで、「あのイチョウ並木は自分の子どものようだ」と何度も口にしていた中里氏だからこそ、その言葉の意味は重い。

イチョウ並木を逆縁にしたくない——。

その思いこそが、彼に筆を執らせた原動力となったのである。

「いずれはあのイチョウ並木も枯れるときが来るでしょう。木々も人間も、それは同じことですから。だけど、いずれは枯れるにしても、人間の手で伐採するなんてことは絶対にしてもらいたくない。自然に枯れていくのは仕方のないことです。時期が来れば、命あるものは必ず終わりがきますから。ただ、それを人間の手で早めることだけはしてほしくない。それが、私の願いです」

照りつける太陽、降るように鳴くアブラゼミの声が、より一層、この部屋の静けさを際立たせている。窓の外の猛暑がウソのような穏やかな時間が過ぎていく。

「ぜひ、いい作品を書いてくださいね」

103歳の老賢人に送り出されて、私は外に出る。

(明日、改めてゆっくりとイチョウ並木を歩いてみよう……)

中里氏の言葉を噛み締めながら、青山通りから絵画館に向かって歩いてみよう。それまで、何度も通ってきた道が、違って見えるだろうか?

彼が植樹したのはイチョウではなかった……

しかし、中里邸を辞しておよそ2カ月が経過した9月14日、事態は急転する。この日の朝6時、東京新聞公式サイト「TOKYO Web」に、この一件の続報が掲載された。その見出しは「神宮外苑のイチョウ並木を植え替えた　定説を覆す投稿をとことん調べてみたら…行き着いた事実は」とある。

そこに書かれていたのは、彼の投書を受けて、東京新聞が取材をしたところ、「中里さんが植え替えたのはイチョウ並木以外の樹木の可能性が高い」と結論づけるものだった。この記事には中里氏も登場し、記者から取材結果を報告される場面も登場する。

中里さんは納得できない様子だったが、後日、手紙が届いた。手書きの原稿用紙が3枚入っていた。

「頂いた資料や記録を丁寧に拝読し（中略）間違った思い込みを恥ずかしく思いました。35年撮影のイチョウ並木の写真には目からうろこでした。台風の3年前にこんなに大きな木に成長していたなら、台風で枝は折れたかもしれませんが、倒木するはずはありません」と記憶違いを受け入れる心境をつづっていた。

なんと、中里氏の記憶違いだったというのである。

これを受けて、彼の自宅に電話をかけた。記事を読んだことを伝えると、照れたような口調で言った。

「完全な私の勘違いでした。本当にお恥ずかしい限りです。てっきり、イチョウを植えたつもりだったし、今でもそう思っていますけど、東京新聞の方から見せてもらった写真を見ると、外苑のイチョウ並木は台風の前にすでにかなり大きく成長していました。私が植えた木はもっと小さかったと記憶していますから、やっぱり間違いだったんでしょう。お騒がせいたしました。申し訳ありませんでした。本当にお恥ずかしい限りです……」

何度も「お恥ずかしい」「申し訳ない」と繰り返す中里氏。私はもちろん、東京新聞の記者もまた、中里氏を責めるつもりは毛頭ない。ましてや、嘘をついているとも思っていない。85年という長い、長い年月は人の記憶も曖昧なものとしてしまうのだ。

しかし、中里氏のおかげで戦前、戦中、そして戦後すぐの神宮内苑、外苑についての記録を集中的に整理するきっかけをいただいた。

そんな思いを伝えつつ、取材時にいただいた『随筆集　百歳の夢』の感想を述べる。「我いまだ老いず」と題されたエッセイがことのほか印象に残った。そんなことを作者に伝えると、少しだけその口調が明るくなった。

「あぁ、本当に嬉しい。そう言っていただけると、本当に励みになります。書き手にとって、読者からの反響は何よりの発奮材料になりますから。実はね、１０４歳を迎える来年は詩集を出版するつもりなんですよ」

まさに、「我いまだ老いず」の心意気だ。かつて、彼が出版した歌集『百壽讃歌』には、こんな歌が掲載されている。


嘆じては李白を吟じ檄しては杜甫を語りて我いまだ老いず

意に染まぬ不運を嘆くときには、李白の詩を吟詠して心を慰め、些細なことに腹が立ち心が高ぶるときには、杜甫の詩を読んで己を励ます。

その思いこそ、中里氏をいまだ元気で精力的な執筆活動に駆り立てているのだろう。電話を切る間際、彼は以前と同様の言葉を口にした。

「ぜひ、いい作品を書いてくださいね」

神宮球場についての取材を始めようと考えていたものの、期せずして、神宮外苑イチョウ並木についての一件から取材が始まることになった。

まだまだ知りたいことはたくさんある。会いたい人もたくさんいる。
神宮球場を巡る私的な旅を、本格的に始めることとしようか。

1927年、空から見た明治神宮外苑。中央が明治神宮野球場（提供：朝日新聞社）。

神宮球場開設に向け、建設作業を手伝う当時の学生たち。後方の建物は現在の絵画館（提供：朝日新聞社）。

1926年ごろ、青山通り側から撮影された明治神宮外苑。4列のイチョウ並木はまだ成長していない（提供：朝日新聞社）。

1970年の青山通り。和製シャンゼリゼと呼ばれ、イチョウ並木の下にカフェテラスが見える（提供：朝日新聞社）。

1982年、明治神宮外苑のイチョウ並木（提供：朝日新聞社）。

2023年、黄葉が進む神宮外苑のイチョウ並木（提供：朝日新聞社）。

第二章
日本初のバトントワラー
——伝説の早慶6連戦

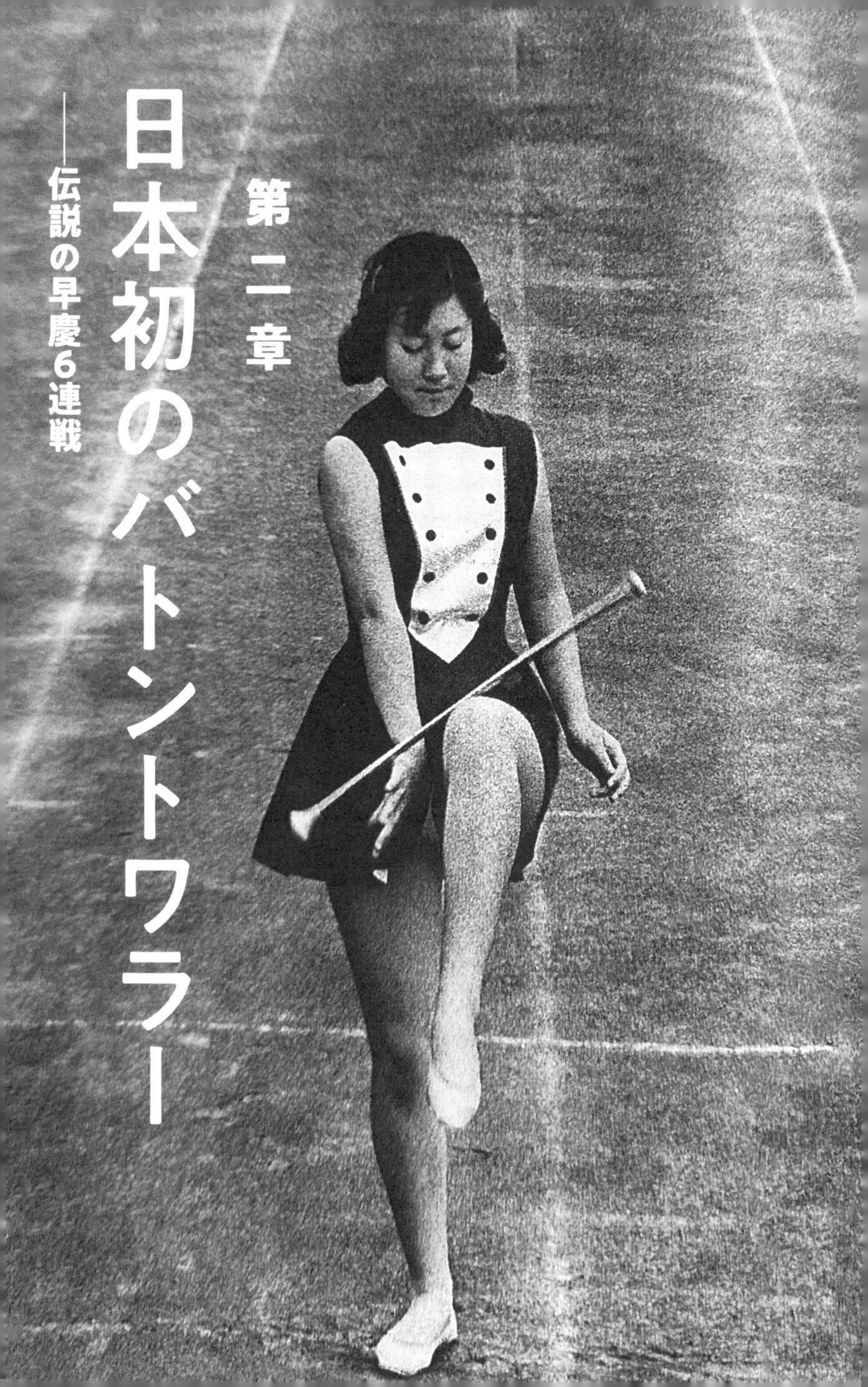

気がつけば、「日本人第1号バトントワラー」に

私は高山藍子と申します。先日誕生日を迎えたので、81歳になりました。まさか自分が傘寿を迎えるとは思ってもいませんでした。年月が経過するのは早いものですね（笑）。

私の祖父、銘苅正太郎は沖縄出身です。いや、正確に言えば「沖縄出身」ではなく、「琉球出身」と言った方がいいかもしれません。琉球王国を改め、沖縄県が設置される前の生まれだといいますから。琉球王朝第二尚氏王統の始祖である尚円王の叔父の末裔だといいますので、伊是名島で生まれた祖父は、やはり「沖縄人」というよりも「琉球人」の方がしっくりくる気がいたします。

かつての王朝一族といっても、時代はすでに明治になる頃でしたので、決して裕福だったわけではなく、むしろ貧しかったそうです。それでも祖父は苦学生として勉学に励み、成人する頃に九州に出て医師免許を取得、熊本や山梨で勤務医となった後に、東京・六本木に開業することになりました。

ただ、祖父の病院は普通の医院とはちょっと違っていたようです。

そこには看板はありませんでした。というのも、診察に来る方々は一般の患者さんではなく、総理大臣をはじめとする政治家、財界の大物、あるいは一流の作家の方々を診察する特殊な医

院だったということです。

医院を訪れる人の中には、新紙幣となった渋沢栄一さん、満鉄の初代総裁を務めた後藤新平さんといった、そうそうたる方がいらしたそうです。ちなみに、祖父の病院の名前は「長生医院」といい、後藤さんが名づけてくれたと聞きました。

ですから、戦前はかなり裕福な暮らしで、当時としては珍しい海外製の電気冷蔵庫も所有していたようですが、戦争によって状況は一変いたしました。戦争が終わると、我が家はお金に苦労し、母は質屋通いをしながら、何とか生活費を工面していました。

昭和18（1943）年の生まれですから、最初に申し上げたように、すでに80歳を過ぎています。家は貧しかったけれど、私が物心つく頃にもまだ、一流の方々とのおつき合いは続きました。渋沢さんや後藤さんの子ども、あるいは孫世代との関係性は継続していたのです。

私が生まれたとき、詩人の室生犀星さんが「杏子」と名づけてくださったそうです。けれども父は、どうしても「藍子」という名前にこだわったので、「杏子」は幻に終わりました。ちなみに「藍子」というのは、服飾デザイナーだった父が私の生まれる頃に、染色のための参考として『インディゴ』という本を読んでいたことに由来します。弟子が師よりも優れているということの例えである「出藍の誉れ」を意識していたようです。

家は決して裕福だったわけでもないのに、伯父が慶應大学出身だったこと、周りに超一流の方々が多かったこともあって、やがて私も慶應の幼稚舎に進み、その後も中等部、慶應女子高校と通うことになりました。

元々、慶應の幼稚舎は男の子だけが入れたのですけれど、戦争が終わり、女の子も受け入れることになり、私はその3期目としての入学でした。

慶應では、授業の一環として、早慶戦――私たちは慶早戦と呼んでいますけれど――を観戦し、母校の応援をしていました。小学校4年、5年、6年生は全員で神宮球場まで出かけます。もちろん、校歌だけでなく、応援歌もこのときには覚えていました。さらに、早稲田戦以外の「慶立戦」や「慶明戦」は授業でもないのに、自分の意思で応援に通っていました。私は野球と応援が大好きだったのです。

私の母は慶應出身ではありませんでしたけれど、元々、野球が大好きで慶應の応援をしていたといいます。母の話によると、戦前には水原茂のプレーもネット裏から見ていたそうです。ですから、私は母子2代で神宮球場に通っていたのです。

そんなあるとき、転機が訪れました。

慶應女子高校に通っていた頃のこと、私はバトンを始めることになりました。バトントワーリングのバトンです。直訳すれば「棒を回す」という意味で、鼓笛隊のパレードや、学校の運動会、文化祭などで多くの方がご存知だと思います。

渋沢栄一さんの孫に栄子さんという方がいらっしゃいます。彼女がいなければ、私はバトンと出会っていませんでした。元をたどれば、渋沢さんの四男・秀雄さんの娘さんの花子さん、つまり、栄一さんのお孫さんということになります。私の母の親友が花子さんでした。２人はとても仲がよくて、何度もお互いの家を行き来する間柄でした。花子さんは後に作家となり、「華子」と名乗るようになります。この花子さんの姉が栄子さんでした。このように母の人脈はとても多彩で、その関係で私と栄子さんも面識があったのです。

さて、話を戻しましょう。私が中等部の頃のことです。栄子さんの紹介でマナセプロダクションの社長と知り合いました。戦後早々に誕生した芸能プロダクションで、ロカビリーブームの火付け役だった山下敬二郎さんや、『黒い花びら』で第１回レコード大賞を受賞する水原弘さんが在籍した老舗事務所です。

マナセプロの社長はしばしば我が家にやってきました。そんなときに、手品を披露したり、下手なピアノを演奏したりしていたら、たまたま私に興味を持たれたようです。

「アメリカではバトンが流行っているのだけど、藍子さんもやってみませんか?」

突然、そんな提案を受けました。曲直瀬《まなせ》正雄社長は、私を「日本人バトントワラー第１号」として売り出そうと考えたようです。開催が迫っていた１９６４年の東京オリンピック開会式の入場行進で、日本人バトントワラー第１号をお披露目しようと考えたのです。

これが、私とバトンとの出会いでした。

つまり、渋沢栄子さんがいなければ、私はこうして今、あなたにお話をすることもなかったはずです。運命というのは、わからないものですね……。

伝説の「早慶6連戦」とは？

神宮球場の歴史を振り返る書籍や資料を整理していると、しばしば「早慶6連戦」についての記述が飛び込んでくる。60年11月6日から12日まで、1週間にわたって早稲田大学と慶應大学の間で行われた、熾烈な優勝決定戦である。

この年の東京六大学秋季リーグは異様な盛り上がりを見せた。早稲田、慶應とも順調に白星を重ね、最後の直接対決までに、慶應は8勝2敗で勝ち点は4。対する早稲田は7勝3敗、勝ち点3で両校は激突する。慶應が連勝、もしくは2勝1敗で勝ち点を挙げれば、文句なしの完全優勝が決まる。一方の早稲田は連勝すれば逆転優勝となるものの、2勝1敗では両校の勝ち星が9勝4敗、勝ち点4で並び、優勝決定戦にもつれ込む。こうした状況下で、早稲田、慶應ナインは球史に残る大熱戦を演じたのである。

11月6日の第1戦は早稲田が2対1で勝利すると、第2戦は慶應が4対1で雪辱を果たし、勝負は第3戦に持ち込まれた。

「初戦、そして第3戦の先発マウンドを託されたのが、この私でした……」

そう述懐するのが、慶應の3年生エース・清澤忠彦である。戦前の38年生まれなので、すでに80代も半ばを過ぎている。現在でも定期的に神宮球場に通い、後輩たちのプレーに熱い視線を送っているという。

「やはり、僕らにとって早慶戦というのは特別なものです。〝仮に優勝できないのなら、せめて早稲田には勝て！〟といつも言われていました。たぶん、早稲田も〝慶應には負けるな！〟という思いだったと思います。もし早稲田に負けて優勝したとしても、その喜びは半減するでしょう。だから、早稲田には強くあってほしい。そして、その強い早稲田を倒して慶應が優勝する。それが最高のシチュエーションです」

慶應大学の伝説の名投手でありながら、「慶早戦」ではなく、「早慶戦」と口にした清澤は、改めて60年秋の日、初戦前夜を振り返る。

「早慶戦の前夜はいつも眠れませんでした。ましてやこのときは〝勝てば優勝〟という大一番ですからなおさらです。ただね、前田さんは〝明日はお前が先発だ〟ということは一切言わない監督なんです。当時、慶應には私を含めて4人のピッチャーがいたんですけど、前田さんは誰が投げるのかを明言しない。もちろん、誰もが〝オレが放りたい〟と思っているわけですから、ライバル心は燃えているわけです」

彼が語る「前田さん」とは、慶應大学を率いる前田祐吉監督のことである。後に野球殿堂入りを果たす前田はこの年就任したばかりの新人監督だった。

「記憶は定かじゃないけど、確か試合当日に先発を告げられたはずです。どうして、前田さんはそういう方法を採ったのか、私はいまだにわかりません。理由を聞く前に監督は亡くなってしまいました。何度も聞くチャンスがあったのに、それがかなわなかった。とても残念な思いでいっぱいです。今の大学生は、土曜日の初戦に備えて木曜、金曜と、きちんと調整をして試合に臨みますよね。当時の僕らにはそんな意識は微塵もなかった。前日だろうが、前々日だろうが、とにかくブルペンで目いっぱい投げて〝監督に認められよう〟という思いだけでした」

こうした奮闘努力の末、清澤は大事な初戦マウンドを託された。しかし、4回2／3イニング、68球を投げて1失点で降板。チームは1対2で敗れてしまった。

「当時は先発したからには9回を投げ抜くのが当たり前でした。そして、今とは違って、〝9回2失点なら上出来だ〟というのん気なピッチングなどできない。1点も与えてはいけない時代ですから、途中降板は本当に悔しかったです」

翌日の2戦目は、早稲田先発の金澤宏から7安打を放ち、4対1で慶應が勝利する。

「金澤さんは投球モーションが大きいんです。そうすると、うちの安藤がどんどん自由に走る。

それで慶應ペースで試合を進めることができたんです」

彼が語る「うちの安藤」とは、大学卒業後に阪神タイガースに入団し、後に阪神の監督を務めることになる安藤統男である。ともに3年生で、ショートの安藤と清澤は、投打の中心として存在感を発揮していた両雄だった。

運命の早慶6連戦でバトントワラーデビュー

マナセプロダクションの曲直瀬正雄社長は日本にバトントワーリングを定着させた方として有名です。でも、あの頃はまだ誰もバトントワーリングについて知りませんでした。

私も、熱心に勧められはしたものの、よく理解していなかったというのが正直なところでした。それでもいざ始めるからには、「これは一生の仕事なんだ」という思いで取り組むことを決め、まずは本場アメリカの先生から指導を受けることになりました。

数カ月ほどかけて曲直瀬社長が日本中をくまなく探した結果、ようやく先生が見つかりました。彼女の名前はディーナ・ケイといいました。当時まだ15歳。私と同年代です。

私がまだバトントワーリングを始めるかどうか迷っていたとき、ディーナはＮＨＫの人気番組『私の秘密』に出演しました。この番組を見て、バトントワラーとなることを決意しました。

彼女が帰国した60年6月には、今度は私がＮＨＫの『それは私です』に日本人バトントワラー第1号として出演し、話題になったこともありました。

この頃のマナセプロには坂本九さん、ジェリー藤尾さん、森山加代子さん、渡辺友子さん、そしてパラダイスキングさんなど、そうそうたるメンバーがそろっていました。また、日劇で行われたこの年のウエスタンカーニバルには、山下敬二郎さん、水原弘さんらとともに、私も出演させていただきました。本当に華やかで、楽しい思い出ばかりです。

さらにこの頃には『週刊朝日』にも、私の記事が掲載されたこともありました。オリンピック会場となる国立競技場でバトン練習をしている姿が1ページ大で載りました。記事のタイトルは『私はバトン・ガール』で、こんな文章が書かれています。

私はバトン・ガール。名前は高山藍子。慶応女子高校一年生で、まだ十六歳です。バトン・ガールといってもご存じない方が多いでしょうネ。日本ではまだ私一人しかいないんだからムリもありません。パレードなんかで、ブラス・バンドの先頭に立って、指揮棒をあやつりながら色彩をそえるのが私の役割。本家のアメリカではりっぱな女性の職業になっていて、三つ四つのときからおケイコするのですって。バトン・ガールというのは日本でつけた名で、あちらではバトン・トアラーと呼ぶそうです（原文ママ）。

私たちの目標は東京オリンピックの開会式でバトントワーリングを披露することでした。本番の前年には「プレオリンピック大会」が開催され、私たちは4人のメンバーで出場し、それが全国放送されました。

いよいよ目前に迫ったオリンピック本番を前に、私は興奮を隠せませんでした。しかし、この番組を見た視聴者の方がNHKに投書したことで、事態は一変します。

——プロがオリンピックに出場してもいいのか？

芸能プロダクションに所属し、すでにプロとして報酬を得て活動している私たちに対して、オリンピック憲章に抵触するのではないか、という指摘でした。

その結果、曲直瀬社長の計画は頓挫しました。オリンピック開会式への出場がかなわなくなりました。本当に悔しく、今でも残念な思いでいっぱいです。

ですから、それ以前に経験した都市対抗野球の応援、自衛隊パレードへの出演は、今でも忘れられない素敵な思い出です。

都市対抗野球では東芝の応援団の一員となりました。マナセプロダクションは芸能事務所であり、音楽事務所であるため、東芝レコードとの関係が深かったからです。このとき、初めて野球の応援を経験しました。そして、その姿が雑誌に大きく取り上げられたことで、私の人生がまた大きく動き出すことになりました。

この記事を見て、まずは学校に連絡が入りました。連絡をくれたのは、慶應大学応援部の団長で、大塚欽司さんといいます。彼は私よりも少し年上で、中等部から高等部を経て、大学に進み、ちょうどこの頃に応援団長となったばかりでした。新たに応援団長になって意気込んでいるときに、私のことに興味を持ち、「11月に行われる慶早戦でバトントワラーとして協力してもらおう」と考えたそうです。

学校の方針とは相反する申し出ではあったものの、私の父が応援してくれたこと、そして何よりも私が大の慶應野球部のファンであり、小学生の頃から神宮球場に通うほどの野球好きだったこと。さらに私自身も、「どうしてもやりたい」と願ったこともあって、学校側も渋々ながら認めてくれることになりました。

この頃は現在とは違って、「応援団は男性がするもの」という不文律があり、アメリカのように女性のチアリーダーが華やかに応援をするということは皆無でした。だからこそ、大塚団長は「女性が応援団に加われば、華やかになって面白いのではないだろうか?」と考えたといいます。こうして迎えたのが、60年秋のリーグ戦、慶應と早稲田の一騎打ち。勝てば優勝という大一番だったのです。

試合本番まで、わずか1カ月ほどです。大塚団長の意向で、誰にも知られずに試合当日にサプライズで登場することが決まりました。したがって、私は誰にもこのことを伝えることができず、極秘練習を行うことになりました。もちろん、他の部員にも内緒です。

このことを知っていたのは、私と大塚団長以外には副団長など数人の学生だけ。四方に紅白の幕を張って目隠しをして、その中で私は黙々とバトンを回し続けていたのでした。

早稲田の2勝1敗で、優勝決定戦にもつれ込む

優勝が懸かった60年11月の早慶戦――。

早稲田大学野球部主将・徳武定之（定祐）は期する思いを胸に神宮球場のグラウンドに立っていた。学生生活の集大成として、そして有終の美を飾るべく「最後の決戦」に挑んでいた。本人が当時を述懐する。

「小学4年生のときに青森から東京に出てきて、早稲田中学から早稲田実業高校。そして早稲田大学と、臙脂のユニフォームを身にまとってすでに10年が経過していたから、早稲田に対する思いは本当に強かった。僕は神宮球場で育てられました。喜びも、辛さも、いろいろな思いが神宮球場には刻まれているよね。その中でも、あの6連戦は生涯の思い出として、今でも忘れられずに僕の中では燦然と輝いていますよ」

早実時代には、3年生の徳武、そして醍醐猛夫が主軸となり、1年生エースの王貞治を擁して甲子園にも出場した。1回戦では和歌山の新宮高校を撃破したものの、2回戦では岐阜県立岐阜商業高校の前に涙を呑んだ。このとき岐阜商業のエースを務めたのが、慶應大学のエースの一人となった清澤忠彦である。徳武は続ける。

「早稲田大学というのは質実剛健だから、ガムシャラに泥臭く、粘り強く戦っていく野球。よく慶應と比較されるけれど、その点は好対照だと思いますよ。だって、慶應はスマートだから。もちろん、闘争心は胸に秘めているんだけど、どこか紳士的なところがある。だけど、僕の場合はバッターボックスに入るときでも、相手投手を威圧するような態度でした。キャプテンとしても、言葉ではなくプレーで引っ張っていくタイプだったので、そういう点では早稲田のチームカラーを体現した選手だったと思いますよ」

6万5000人の大観衆が集った11月6日の初戦は早稲田が勝利し、翌7日は慶應が快勝した。そして、この試合に勝てば優勝が決まる3回戦、慶應のマウンドに立ったのは、初戦にKOを喫した清澤だった。清澤は言う。

「初戦に負けていますから、もちろん期する思いは強いですよ。この日も、やっぱり試合当日の朝に先発を告げられたと記憶しています。勝ったら優勝、負ければ同率で優勝決定戦が行われる。プレッシャーを感じつつも、前田さんからの期待を感じて、大事な試合を再び託された嬉しさもありました」

内角をえぐる切れ味鋭いストレートが持ち味の清澤だったが、初回にいきなり早稲田の先頭打者、伊田保生に死球を与えると、四番の徳武に犠牲フライを打たれて、早々に先制点を許してしまった。

すぐに落ち着きを取り戻し、その後は好投を続けたものの、味方打線が早稲田先発の安藤元博から点を奪えない。清澤は8回にも1点を失い、さらに二番手の丹羽弘も失点し、0対3で慶應は敗れた。これで対戦成績は早稲田の2勝1敗、勝ち点1となり、両校は同率で首位に立った。試合は翌9日の優勝決定戦に持ち越されることが決まった。

早大主将の徳武が述懐する。

「選手としては死力を尽くしているから、もうクタクタだよ。当時の早稲田の監督は石井連藏だよ。まだ28歳の若い監督だったから、本当に厳しい練習を課されたものだよ。こうした中で、生きるか死ぬかの試合をしてきた。選手たちは本当に熱い思いで戦っていた。それは早稲田、慶應、それぞれの学生たちも同じだったと思うな。早稲田側にはフクちゃん、慶應側にはミッキーマウス、それぞれ名物の看板を掲げてみんなで一つになって応援する。あの一体感は本当にすごかったから」

この6連戦でサードを守っていた徳武には忘れられない光景がある。

「早慶戦というのは、昔も今も一塁側が早稲田、三塁側が慶應と決まっているよね。だから、サードを守っていたオレはいつも慶應応援団側でプレーをしていた。このときだよ、慶應側に女性の応援団員がいたんだよ。短いスカートを履いて、一人で応援台に上がって声援を送っている。今でも、その光景は目に焼きついているよ。真っ白い服を着て、バトンを持って、超満員の応援席の中で華麗なステップを踏んでいたんだから。プレー中だったから、顔はよく見えなかったけど、きれいな人だったと思う。とにかくカッコよかったよ」

日本初のバトントワラー・高山藍子のことを、徳武はハッキリと記憶していた。

改めて、両校1勝1敗で迎えた11月8日、運命の第3戦をふり返りたい。この日、早大・徳武は大騒動の主役となる。

6万5000人の大観衆が見守る中でのバトンデビュー

11月の早慶戦に向けて、私はその後もずっと極秘で練習を続けていました。

当初は、応援歌『若き血』だけの予定だったんです。結果的には何日も、何日も、何曲も、何曲も出続けることになるんですけど(笑)。だから、まずは『若き血』だけを必死に練習しました。本番が近くなると、団員の方がおそろいのセーターを作ってくれました。本来は中にワイシャツを着るので襟が開いているんですけど、私はワイシャツを着ないのでとっくりのセーターで、胸にはおなじみの三色旗があしらわれていました。

日に日に緊張感が高まっていく中で、いよいよ本番を迎えました。

11月6日の朝8時頃に六本木の自宅を出発して、神宮球場まで徒歩で向かいました。球場の片隅でひっそりと着替え、その上にコートを羽織って、じっと観客席に座ったまま、「そのとき」が来るのを待っていました。何時に開場したのかは覚えていませんが、お昼12時まで両校の応援合戦が繰り広げられます。

そして、ついに私の出番が訪れました。私はコートを脱ぎ捨て、応援台に上がります。その瞬間のことは、今でもハッキリと覚えています。

それまで、大いに盛り上がっていた観客たちが一瞬で静まり返ってしまったのです。まるで、水を打ったような静寂でした。真空状態といってもいい状況でした。

それを受けて、私の頭も真っ白になります。でもその瞬間、曲直瀬社長から常々言われていたことを思い出したんです。

――バトンを手にしたら、どんな状況下でも、常にニコニコしていなきゃダメだよ。

この言葉が脳裏をよぎりました。応援する側のバトントワラーが不安な表情を浮かべたり、驚いたり、「大丈夫かな?」と心配されたりしては本末転倒ですから。

しかし、やはり緊張していたのでしょう。バトンを空に投げ上げたとき、私はうまくキャッチすることができませんでした。その瞬間のことです。一塁側に陣取る早稲田の応援席がドッと沸き、「ウワーッ」という地鳴りのような声が響き渡ったのです。

私たち慶應サイドだけでなく、早稲田サイドもまた私に注目していることに気がつきました。「女人禁制」と言われる応援団の世界に、ミニスカートを履いた女性の登場は敵味方関係なく、衝撃を持って受け止められたということでしょう。

この瞬間から、私の緊張はさらに大きくなりました。

それでも、一度ステージに立ったからにはもう後には引けません。私の緊張も少しずつほぐれ、心からの笑顔も生まれると同時に慶應の学生たちも私のパフォーマンスに慣れてきたようで、少しずつスタンド全体に一体感が生まれていくのがわかりました。

試合前の応援合戦が無事に終わると、試合中イニング間のちょっとした時間や、7回ラッキーセブンの応援合戦にも駆り出されました。本来なら私の出番ではなかったはずなのに、応援団長は「さぁ、次も！」と調子よく私をステージに送り出しました。

こうしたことが、1回戦、2回戦、3回戦と続きます。はじめは団員の方たちも、どこかよそよそしい雰囲気でしたが、次第にすっかり応援団の一員として認められていくことを実感します。グラウンド内で行われている熾烈な戦いで盛り上がる両校の応援席。その中に私も加わっている。バトントワラーとしての喜びを私は感じていました。

「第二のリンゴ事件」勃発か？

11月8日に行われた第3戦では、東京六大学史に残る大騒動が勃発した。その中心人物となったのが、早稲田主将の徳武である。

得点は2対0で早稲田がリードで迎えた9回表、徳武がフォアボールで出塁すると、盗塁と内野ゴロで三塁に進む。野村徹の放った打球は、慶應のショート・安藤の前に転がるゴロとなった。三塁走者の徳武は迷うことなくホームに突入した。

「打者が外野フライでも打ってくれれば、楽々ホームインだったんだけど、真正面に飛んだショートゴロだから、無理してホームを目指したというイメージだよね。だから、激しいスライディングで捕手の落球を誘うしかない。それで足を高く上げて滑り込むことにした。けれども、それ以上のことは何も覚えていない。無我夢中だったから。で、気がついたらボールが転がっていてセーフになった……」

相手捕手のミットが吹き飛ぶほどの激しいスライディングによって落球を誘った徳武だったが、「少々、ラフプレーが過ぎてしまった」という反省があった。

「……ホームインして、そのまま一塁ベンチに戻ろうと思ったんだけど、キャッチャーの大橋（勲）に対して、〝申し訳ないことをした〟という気持ちになって、ひと声かけようと彼のもとに行った。それがいけなかったね、あんなことになっちゃったんだから」

徳武が言う「あんなこと」とは何か？

捕手・大橋の身を案じ、同時にひと言、詫びの言葉をかけようと歩み寄ったことで、周囲は、特に慶應ナインは「徳武が因縁を吹っ掛けている」と早合点してしまったのだ。その瞬間、三塁側の慶應ベンチから、続いて一塁側の早稲田ベンチからナインが飛び出し、ホームベース付近で一触即発の緊張状態となった。

令和時代となり、傘寿を過ぎても、古巣・阪神タイガースの試合を中心に解説を続けている慶應OB・安藤統男が、白い歯をこぼしながら当時を振り返る。

「徳武さんの走塁は、最近の野球では当たり前となっている《ゴロゴー》というものです。ボールが転がった瞬間にランナーは猛然と走り出す。打球は僕の目の前に飛んできました。捕球も、送球も何も問題なかったと思います。だけど、徳武さんはスパイクの刃を向けながら大橋を目がけて滑り込んできた。〝あれはいかがなものか〟と思いましたね。ボールがこぼれてセーフになった瞬間、僕の横を猛然と渡海さんが駆け抜けていきました。徳武さんに抗議するためです。普段の渡海さんは、決して激高するタイプじゃないんです。だから余計に、あのときのことは今でも印象に残っています」

安藤が語る「渡海さん」とは、センターを守る慶應の主将・渡海昇二である。彼に呼応するかのように両軍選手が小競り合いを展開している。グラウンドだけではない。神宮球場を埋め尽くした観客席も騒然とする。

この場を収めたのが慶應の前田監督だった。早稲田・石井監督とともに、選手たちの間に入って、「お前たちはベンチに戻れ」と一喝する。頭に血が上って興奮冷めやらぬ選手たちも、監督命令には逆らえない。仕方なく、ベンチに戻ることとなった。

しかし、観客たちのフラストレーションは溜まったままだ。9回裏、3点のビハインドを追いかける慶應の攻撃が始まる。

騒動の当事者である徳武が三塁に就く。慶應ベンチ、応援席の目の前だ。球場内を怒号が飛び交う。同時にリンゴやミカン、飲みかけの缶ジュースが投げ込まれた。三塁側応援席の最前列に座る幼稚舎の小さな子どもたちまでもが徳武にヤジを飛ばしている。

それは、関係者にとっては「かつて見た忌まわしい光景」を想起させるものだった。

1933年秋――。

同じく早慶戦において、慶應主将の水原茂に対して、早稲田の学生たちが食べかけのリンゴを投げつけ、それを水原が投げ返したことで、「リンゴ事件」と呼ばれる大騒動が起こった。

関係者の間では「第二のリンゴ事件勃発か?」と懸念が広がる。

しかし、このときも慶應・前田監督が絶妙な収拾策を披露した。徳武が言う。

「普段はベンチにいる前田さんが、三塁コーチとしてグラウンドに出てきた。コーチャーズボックスに入ると、三塁側観客席を見渡したまま両手を広げて、興奮している学生たちを制したんだ。試合が始まってからも、そのままコーチャーズボックスに残って戦況を見つめている。前田さんには、いくら感謝してもし足りない。そんな思いだよね」

いくら、徳武のラフプレーが許せなくても、そのすぐ近くに陣取る自軍の監督に向かってモノを投げ込むことはできない。まさに、前田のファインプレーだった。

この試合も、慶應は敗れた。直接対決は早稲田の2勝1敗、これで勝ち点はともに4となった。試合は翌9日の優勝決定戦に持ち越されることが決まった。

この瞬間こそ、本当の意味での「伝説の幕開け」だったのかもしれない。

まさかの再試合、そして再々試合

徳武さんのプレーで球場中が騒然としていました。私たち応援団の目の前で起きたことですから、今でもハッキリとその光景を覚えています。

……と言いたいところですが、本当のことを言えば、よく覚えていないのです。いや、何も覚えていないのです。バトントワラーになるまでは夢中で選手たちの応援をし、プレーを楽しんでいたのですが、立場が変わってからはただ「わー、すごい」とか、「頑張って」と、単純に野球を見ることができなくなりました。だから、徳武さんのスライディングで場内が騒然としたということも、後から振り返ったときに、「そういえば、そんなこともあったような気がするな」という程度なのです。

やはり、自分なりに「みんなに喜んでもらわなければ」という使命感のようなものが、すでに芽生えていたのかもしれません。初めて神宮球場の応援台に立ったあの日から、純粋な観客ではなくなってしまったのかもしれません。

3戦目が終わって、翌日の優勝決定戦の開催が決まりました。もちろん、ここまできたのですから、ぜひとも慶應の優勝のために全力で応援をするつもりで、9日の試合に臨みました。ところが、この日の試合は延長11回を戦って、1対1の引き分けに終わります。今の若い人には信じられないかもしれませんが、この頃の神宮球場には照明塔がありませんでした。ですから、試合が長引き、辺りが薄暗くなったことで、日没コールドゲームとなり、翌々日の11日に優勝決定戦再試合が行われることになったのです。

慶應、早稲田ともに、選手たちはもちろん、学生たちも興奮していましたが、手に汗握る熱戦の連続に、私たち応援団もぐったりとしていました。しかし、前日同様に「ここまできたら、絶対に負けられない」という思いはますます強くなります。

私もまた、「よし、明日こそは」という思いだったのですが、ここで残念なことが起こります。まさか、ここまで両校の戦いがもつれ込むことになるとは誰も予想していませんでしたから、再試合が行われる11日、私は大阪で仕事の予定が入っていたのです。

もちろん、今さらキャンセルすることなどできません。「せっかくここまで応援を続けてきたのに……」と思いつつ、後ろ髪引かれる思いで、私は大阪に旅立ったのです。

ところが、ここでもまた奇跡が起こります。

11日に行われた優勝決定再試合もまた、延長の末に引き分けに終わりました。私は仕事の合間に、管理人室のテレビでその模様を見ていました。この日も延長11回を戦い、得点は0対0。またしても決着がつかず、翌12日の優勝決定再々試合の開催が決定したのです。

繰り返しになりますが、この頃の神宮球場には照明施設がありませんでした。秋の夕暮れが訪れると、あっという間に辺りは暗くなってしまいました。これではボールも見えません。こうして、私にとっても生涯忘れられない慌ただしい一日が始まります。

11日の仕事を終えた私は、その日は大阪に宿泊し、翌早朝の大阪・羽田間の飛行機で東京を目指しました。これに乗れば、13時半の試合開始にも間に合います。

その結果、私も歴史の瞬間に立ち会うことができたのです。でも、自分でも不思議なのは慶應の選手よりも、早稲田の選手ばかり覚えているんです。ピッチャーの安藤（元博）さんとか、徳武さんとか……。本当に不思議ですよね。

伝説の激闘、その結末……

第４戦の優勝決定戦、第５戦の優勝決定再試合と引き分けが続いた。

球場サイドの問題で１日おいた11日に行われた第５戦、０対０で迎えた延長11回裏には、この日最大の見せ場が訪れる。

この回の先頭打者、慶應・安藤の四球をきっかけに無死満塁のチャンスを作り、打席には主将の渡海昇二が打席に入る。サヨナラ勝利、そして悲願の優勝は手の届くところまで来ていた。すると、早稲田ベンチはレフトとライトを入れ替える。渡海の打球はレフト方向が多く、肩の状態が思わしくないレフト・伊田保生よりも、強肩の鈴木勝夫をレフトに配した方がベストだと、早稲田の石井監督は判断したのだ。

しかし、渡海の放った打球は早稲田ベンチの思惑をあざわらうかのようにライトへ飛んだ。早稲田ナイン、慶應ベンチ、ともに「得点が入る」と思ったはずだ。浅いフライだ。それでも、三塁走者の安藤はホーム突入を敢行する。すでに傘寿を過ぎた安藤は、「あの場面は、すべて私のミスでした」と述懐する。

「このとき私が三塁ベース上で考えていたのは、〝レフト、センターに浅い打球が飛んだ場合は自重しよう。でも、ライトならば定位置より前であっても、ホームを目指そう〟ということでした。三塁コーチは〝無理だ〟と止めました。それでも私は、自分の足に自信があったので、突入を決めました」

このとき三塁を守っていた徳武が振り返る。

「打球が飛んだ瞬間、〝あぁ、やられた。サヨナラ負けだ〟と覚悟したよ」

しかし、ここで両軍ベンチが予期せぬ事態が起こる。ライト・伊田が好返球を披露したのだ。安藤は「先に手がホームに触れた」と主張するものの、それでも判定は覆らない。こうして、優勝決定再試合もまた決着がつかぬまま終わった。

早慶ともに、「あと一本」というところで、決定打が出なかった。特に早稲田の主将だった徳武は、この早慶戦ではすべてにおいて精彩を欠いていた。

第1戦……4打数0安打
第2戦……3打数0安打

第3戦……2打数0安打1打点
第4戦……4打数1安打
第5戦……4打数0安打

ここまでの5試合にフル出場して、17打数1安打。闘志をむき出しにした全力プレーが持ち味である徳武に、このとき何が起こっていたのか？　本人が述懐する。

「第5戦の試合後、石井監督に呼ばれたんだよ。もう、見るに見かねたのだろうね。このとき、オレの下には近鉄バファロー以外の11球団から誘いが来ていた。新聞記者には追いかけ回されるし、早慶戦には負けられないし、主将としての責任もあるし、身体はクタクタなのに、眼が冴えてろくに寝られない。進路が決まらないから、何も手につかない状態。それで石井さんに呼ばれたんだよ」

まだドラフト会議が誕生する前の話である。自らの進路は自分で決めることができた。

監督の部屋に行くと、「そろそろハッキリと決めたらどうだ」と諭された。石井もまた悩める主将の状態に頭を痛めていた。徳武が続ける。

「監督の言葉を聞いて腹が決まった。〝国鉄スワローズに入団します〟って言ったんだよ。元々は本拠地が東京で、試合に出られる球団が希望だった。そうなると、巨人も候補に入るけど、ここには長嶋さんがいる。球団からは〝長嶋をショートにコンバートする〟という話もあったけど、そんなことはあり得ないよな。一方の国鉄は箱田（淳）さんがサードだったけど、守備に難があることで有名だった。当時、国鉄のエースのカネヤン（金田正一）に会ったときに、〝箱田は暴投ばかりだから、お前がサードを守れ〟って言われていた。そんなこともあって、監督と対面したときに、〝国鉄にします〟って言葉がスムーズに出てきたんだと思う」

ようやく、進路は確定した。石井監督は、「そうかわかった。では、明日から頑張れ」とひと言だけ言葉をかけたという。この晩、徳武は久しぶりに熟睡することができた。

こうして迎えた11月12日、優勝決定再々試合、実に6連戦目である。早朝便で大阪から駆けつけた慶應女子高校・高山藍子も無事に間に合った。

神宮球場には6万5000人の大観衆が詰めかける。「立錐の余地もないほどだった」と、この試合を観戦した人々は、後年まで語っている。さらにこの日の試合は、NHK以外の民放4局も中継を決めた。

この日の神宮球場は、日本国中が注目する一大イベントの晴れ舞台となったのである。早稲田の先発は安藤元博。第2戦を除いて、実に5試合目の先発である。対する慶應は第4戦、5戦に続いて3試合連続となる角谷隆が先発マウンドに。両投手は対照的なピッチングを見せた。さすがに疲労の色が隠せない角谷に対して、安藤はこの日も絶好調だ。

2回表に、早稲田の徳武がヒットを放つと、一死一、二塁の場面で七番・所正美の三塁打で2点を先制。5回には、慶應二番手の清澤から徳武がタイムリーで追加点を挙げる。早稲田の安藤は5回裏に1点を失うものの、6連戦中5回目の完投劇。見事に勝利投手となった。前夜に国鉄スワローズ入りを決めた徳武は猛打賞の活躍を見せた。

6試合で本塁刺殺が実に5回もあった。まさに、両校の意地とプライドが正面からぶつかり合う熱戦は日本中の注目を集めると同時に、令和の現在まで語り継がれる伝説の名勝負となったのである。

「この日の試合後、納会が行われました。その場には歴代OBたちが集まって、1時間以上も〝何で負けたんだ〟とか、第5戦の安藤の走塁について、〝何であの場面で無謀な走塁をしたんだ〟と懇々と説教を受けました。とにかく、先輩たちの話が長かったこと。あの日の思い出は、それがいちばんですね（苦笑）」（慶應OB・清澤忠彦）

「結果的には敗れてしまったけれど、慶應も早稲田も、ともに全力を尽くした名勝負だったと思います。私もまた、死力を尽くしました。試合後には心身ともにクタクタになっていましたから。ただ、今でもあの本塁突入はセーフだったと思っています。チームメイトからは、〝お

前の無謀な走塁のせいで負けたんだ〞と、今でも言われていますけどね」（慶應OB・安藤統男）
「6連戦期間、ずっと不振だったけど、最後の試合で3本のヒットを放つことができた。あの日、きちんと打つことができて、慶應に勝つことができた。これがもしも逆の結果になっていたとしたら、オレの人生もまったく違うものになっていただろうね。第6戦の試合後、オレはすぐにアンダーシャツを着替えた。主将として天皇杯をいただくのに、汚れたままの姿では失礼に当たるから。身を清めて天皇杯をいただく。それはあのときの心からの思いだったよね」（早稲田OB・徳武定祐）

「神宮球場は今でもトラウマになっています……」

そして、この6連戦において、「日本初のバトントワラー」としてデビューした高山藍子も、65年前の秋の日を誇りに思いながら生きている。

「試合後、応援団のみなさんと一緒に三田まで戻りました。納会の席ではみんなが男泣きをしていました。それまでニコリともしない、何も感情を表に出さなかった団長までもが号泣していました。まさに、鬼の目にも涙でした。その姿を見ていた私も泣きはらしていました。一人だけ女子高の制服を着たまま、目を腫らしている写真もあったはずです。本当に悔しかった。そんなことが記憶に残っていますね」

そして、その悔しさは65年が経過した今でも、いまだ薄れることはない。

「あの日、早稲田に敗れた後、本当に魂が抜けたような思いを経験しました。そして、今でもあのときの光景がありありと浮かんできます。だから、私にとって《神宮球場》《神宮外苑》というのは、トラウマになっています。その後、かなりの時間が経ってから改めて神宮球場に行きました。その様子はすっかり様変わりしていました。でも、あのとき感じた思いはハッキリと覚えていました。やっぱり辛かったから……」

慶應女子高校在学中から、バトンに関わり続けた。日本だけではなく、世界バトン連合や全米バトン協会など、国際的組織でも要職を務めた経歴を誇り、その功績が認められ、日本バトン協会終身名誉会長となった。そして現在は沖縄に住み、今でもバトンの普及に尽力している。

そのすべてが、あの秋の日、神宮球場三塁側で始まったのである。

2024年春、『慶應塾生新聞会公式YouTube』において、「慶應義塾　應援指導部～バトンでつなぐ一つの思い～」という動画が公開された。ここには慶應バトン部創設者の飯田（白木原）むつみさん、村上（村山）治江さんとともに、藍子さんも出演している。10分余りの動画の中で、飯田さんはこんな言葉を残している。

「慶應の応援の原点は野球からなんです。神宮からなんです。藍子さんの神宮での応援から始まったので、その応援の原点をみなさんに知ってもらいたい。体験してもらいたい」

神宮球場で始まった「原点」——。

高山藍子さんもまた、「神宮史」を彩るキーパーソンなのである。

1960年11月11日の朝日新聞紙面。

昭和35年11月11日　金曜日　朝日新聞（夕刊）

早慶また引き分け

延長11回、無得点のまま

◇優勝決定再試合

六大学野球　11日

早大	0	0	0	0	0	0	0	0	0	0	0	
慶大	0	0	0	0	0	0	0	0	0	0	0	

神宮球場はきょう午後一時半の早慶両校の優勝決定再試合を前に、十一時すぎには早くも六万五千の観衆でぎっしりふくれ上がった。……

【試合経過】

スタンドを埋めつくした応援団【上】早大【下】慶大

私と選挙　⑱

1960年11月13日の朝日新聞紙面。

朝日新聞　日曜日

早大、秋の王座につく

六大学野球　12日

安藤、五たび完投

慶大の反撃押える

所が殊勲の三塁打

早大	0	0	0	0	1	0	0	0	0	1
慶大	0	0	0	0	0	0	0	0	0	0

【評】

早大、勝利の一瞬　舞い上がる紙吹雪と喜びの早大ナイン

安藤投手のピッチング・フォーム

投げ抜いた安藤

早大優勝の原動力

早慶戦のヒーロー

徳武は国鉄入り

日米野球　名古屋

ジ軍長

1960年11月12日、石井監督の次に胴上げされたヒーローの安藤元博投手（提供：朝日新聞社）。

1960年11月12日、5回目の完投で早大を優勝に導いた安藤元博投手（提供：朝日新聞社）。

1960年11月12日、史上空前の6戦目。早大勝利の瞬間、紙吹雪が宙に舞う（提供：朝日新聞社）。

第三章

第二次世界大戦と神宮球場

——外苑長・伊丹安廣の奮闘

二転三転した、神宮球場ナイター設置計画

早稲田大学と慶應大学による「早慶6連戦」が、今もなお語り継がれる名勝負となり、野球史に残る伝説となったのは、両校が紡いできた伝統と歴史によるものであり、選手たちが全力を尽くした結果であることは間違いない。

しかし、別の見方もできる。

当時の神宮球場には照明施設がなかったため、第4戦、第5戦はいずれも日没コールドゲームとなり、決着がつかなかった。現在の設備であれば、引き分け再試合という決着は考えられず、第6戦までもつれ込むこともなかったはずだ。

1998(平成10)年、明治神宮外苑が発行した『明治神宮外苑七十年誌』を手に取る。巻末の「年表」によると、神宮球場の照明設備が稼働したのは1962(昭和37)年6月となっている。つまり、「早慶6連戦」の2年後ということになる。他の資料によれば、自ら資金を調達し、「独自の力をもって、これを完成した」ともある。

1962年4・7　正面スタンド近代化および増改築竣功式

6・8　夜間照明設備竣功清祓式

6・9　ナイター設備点灯式
6・10　ナイター試合挙行。東映―大毎

しかし、さらに資料を読み込んでいくと、その実現までには紆余曲折があり、ナイター敷設については、「二転三転した末に、ようやく一応の決着を見た」と表現したくなるほどの混乱の末の一大事であったことがよくわかる。

当初は、「早慶6連戦」が行われた60年春にナイター設備が完成する計画だった。しかも、東京芝浦電機株式会社（東芝）が無償で寄進するという話が進んでいたのだという。実際にその前年である59年12月22日には明治神宮と東芝との間で、寄進に関する契約が締結されている。

計画通りに進んでいれば、60年春にはナイター設備が完成しており、同年秋の東京六大学において「日没コールド」という結果はなかった。そうなれば「早慶6連戦」も生まれていない。歴史の歯車が少しずれたことによって、伝説の名勝負は誕生したのである。

では、なぜこの寄進計画は撤回されたのか？

どうして、当初の計画よりも2年も遅れることになったのか？

一連の出来事の中心人物となったのが、後に明治神宮外苑長となる伊丹安廣である。

伊丹安廣――。

その名には聞き覚えがあった。初めて彼の名を意識したのは、東京ドームに併設されている野球殿堂博物館だった。同館の殿堂ホールにおいて、彼の表彰レリーフを見た記憶があった。

公益財団法人　野球殿堂博物館の公式ホームページには、「早大の頭脳的名捕手」という見出しとともに、伊丹について次のような記述がある。

佐賀中学から早稲田大学に進み、攻守兼備の名捕手とうたわれ、卒業後も東京クラブ、六大学の審判等で活躍した。昭和15年から母校早大の監督となり、戦時下の学生野球存続に尽し、戦後には学生野球・社会人野球の振興につとめた後、明治神宮外苑長として多くの困難と障害を克服して、野球場をはじめスポーツ施設の改修拡充を行って、学生野球、プロ野球の共存共栄を実現したほか、野球界全体の発展に著しい功績をのこした。

この説明文には「明治神宮外苑長として多くの困難と障害を克服して」とある。それは一体、どのような困難であり、障害なのか？

伊丹とは一体、どのような人物なのであろうか？

生命保険社員と早稲田監督の二刀流

77年10月19日、伊丹は73歳でその生涯を終えている。

その翌年となる78年には生前の原稿をまとめた『一球無二　わが人生の神宮球場』（ベースボール・マガジン社）が出版されている。

タイトルにもなっている「一球無二」とは、「たえずツーストライクに追い込まれた状況を想定し、残された一つの球に対して気迫をもって真剣に立ち向うことをいう」とある。

この本には、彼が執筆した文章がたくさん収載されている。

1904（明治37）年2月17日、香川県仲多度郡筆岡村に生まれた。

祖父は剣の達人で、父は軍人だった。当初は丸亀中学に通っていたものの、父の転勤の関係で17（大正6）年に佐賀中学に転校する。後に伊丹は「この佐賀中学時代が一番楽しい時間」と回顧している。

ここから、伊丹の人生を駆け足でたどってみたい。なお、このパートのみ、激変する世相を表現すべく西暦表記ではなく、元号で述べていくこととする。

小学生の頃から三角ベースに興じていた伊丹は、佐賀に移ってからも野球を続けた。当時、佐賀県下では佐賀中学と佐賀師範の2校のみ野球部があったという。大正10年、伊丹は野球部主将となり、翌11年に同校を卒業するも、本人の言葉を借りれば、「自分の望みが大き過ぎて、慶大の入試に二回の失敗を重ねてしまった」という。

そして大正13年、早稲田の専門部政経科に入学し、飛田忠順（穂洲）監督率いる野球部に入部を決めた。こうして、野球殿堂博物館の公式ホームページで紹介されているように、「攻守兼備の名捕手」として活躍することになる。

4年時には主将となった。佐賀中学時代同様、彼のリーダーシップは光るものがあった。またこの年、昭和2年に早稲田野球部はアメリカ遠征を行っている。4月2日に横浜を出発し、7月21日に横浜に戻るまで、全米各地を転戦して22勝12敗という成績を残している。全14名の選手のうち、捕手を務めるのは伊丹だけだった。主将として、そして正捕手として、まさに伊丹は「攻守兼備の名捕手」だったのである。

元号が大正から昭和に変わる頃が、伊丹の大学時代と重なっている。第一次世界大戦が終結し、パリ講和条約、ワシントン会議、関東大震災、第二次護憲運動といった、大正から昭和への激動期に彼は青春時代を過ごし、野球に青春の情熱を傾けた。

そしてこの時期に神宮球場は完成したのである。

早稲田卒業後も、野球と関わる日々が続いた。野球殿堂博物館のプロフィール紹介にあるように、東京倶楽部、東京六大学で審判を経験しつつ、帝国生命のサラリーマンでもあった昭和

15年、伊丹はついに母校である早大野球部の監督となった。同年3月10日の監督就任あいさつにおいて、彼はこんな言葉を残している。『一球無二』から引用したい（以下、引用部はすべて原文ママ）。

世間一般では、私が帝国生命の社員として奉職しつつ監督の位置に就いたことを、やれ勤めは腰掛けなのだろうとか言っていろいろ取沙汰している向もある様です。しかし、私としては、職業も大切、監督も大切、いわば共にこれを両立させてゆくことに努力しているのであって、いずれか片方を、すてるというような意思は毛頭ないのです。

36歳となったばかりの春の日から、伊丹は「会社員と監督」という二足のわらじを履くこととなったのである。

戦時下の早稲田大学野球部監督として……

彼が母校の監督を務めたのは昭和15年から20年春までの6年である。戦火は拡大の一途をたどり、学生たちも次々と応召され、もはや野球どころではなかった時期だ。

昭和16年12月8日、日本海軍航空隊は真珠湾を急襲する。日米開戦の幕開けである。伊丹もまた、刻々と変化する当時の重苦しい空気感を克明に記録している。

戸塚のスタンドが取壊されているという知らせの電話があったので、その理由を訪ねたところ、文部省次官の通達として各校に通知があり、森庶務課長が、文部省において交渉の結果、一塁側のスタンド全部を取壊し、この鉄材を献納することに決定したとのことである。いずれ、鉄不足のやかましい時であるから、いわれぬ前からそのことは考えに入れていたし、できればこれと交換に金網が欲しいと思っていたのであるが、最近の鉄鋼の回収が軍の命令をもって交付されてからは、ますますこのことが早急に来たのを感じていたのである。（昭和17年5月12日）

引用箇所冒頭の「戸塚のスタンド」とは、早稲田・戸塚球場のスタンド席である。戦争が深刻化するにしたがって、鉄鋼の供出を求められた結果、球場スタンドの取り壊しが決まったのである。戦後、伊丹は「この鉄材が何の役に立ったのだろう」と嘆息している。あるいは、終戦から16年が経過した昭和36年9月の『政界往来』には、こんな文章を寄せている。伊丹が57歳のときのものである。

私が早大野球部の監督に就任したのは昭和十五年、ちょうど第二次世界大戦に突入する慌ただしい時であった。私は、母校を優勝させるために苦労をするというより、戦時下の監督として、学生野球をいかにして存続させるかということに、努力しなければならない立場に立たされた。

本人の言葉にあるように、伊丹は「戦時下の監督」として、歴史に名を刻んでいる。この間、それまで2回戦、あるいは3回戦で行われていたリーグ戦が一本勝負制に改められたり、対抗試合が制限されたりした。そして、昭和18年春のリーグ戦ではついに文部省の命により、「六大学リーグ解散」が通達されるに至った。

昭和18年6月、関東の大学、専門学校約70校に対して、文部省は「神宮水泳場から井の頭公園まで往復20㎞の行軍」を指令し、早大野球部もこれに参加する。

背中には8kgの砂袋を背負い、銃を担いで全体で行軍する。その行程において、1名でも脱落者が出れば失格となる。後に体育局となる早大錬成部は伊丹に対して、「行軍の成績が悪ければ、野球部を解散させる」と伝えたという。

当日、私は自転車に乗ってついて走った。彼等の奮闘振りは涙ぐましいものだった。スタートの水泳場からほどなく、二名がブレーキを起してしまった。しかし、残りの元気な選手達が二人の砂袋と銃を分けあって持ち、綱で互いに身体を結びあって走り続けた。

こうした奮闘の結果、早大野球部は往復20㎞を完走する。参加百数十チームのうち、17番目でのゴールだった（16位という資料もある）。しかし、主催者側の早大野球部に対する講評は信じられないものだった。

「走ることばかりに夢中になっていて決勝点に到着した時はふらふらではないか。もしそこに敵がいたら全滅である。そういうことでは戦いに勝てない。その点しんがりではあったが、某校は堂々としていて少しの疲れも見せていない。彼等こそ立派である」

アメリカ発祥の「敵性競技」である野球に対する世間の目は冷ややかだった。何とか野球部解散を免れたものの、対外試合をすることは許されず、あてのないまま練習だけをする日々が続いた。選手たちは口々に「試合がしたい」と言い、伊丹もまた「試合をさせたい」と願っていたにもかかわらず、その思いは実現しなかった。

そして、ついに戦火は早大野球部にも容赦なく襲いかかる。

行軍から間もなく、選手達は学徒出陣のためグラウンドを去っていった。別れに来た一人一人に私は、元気に帰って来るように、やがて平和になれば必ず野球は復活する。死んではならないと励まし、武運長久を祈って送り出した。

この頃、球場アナウンサーが突然、試合中の選手の名前を読み上げ、「すぐに帰宅するように」と告げるケースがしばしばあった。すると、集まった観客たちから拍手が起こり、「万歳三唱」が行われた。召集令状が届いたのである。もはや、野球どころではなかった。こうして、大学野球は自然消滅の形で活動休止を余儀なくされた。

このとき、神宮球場から球音が、そして選手の姿が消えたのである。

戦争では6名の部員が命を落とした。伊丹の無念はいかばかりであったか。終戦から16年が経過し、還暦を目前に控えた伊丹は現役野球部員たちに向けてメッセージを綴る。

かつて同じグラウンドで、己を捨てて世間の白眼視にも耐え、愛部精神に燃えた勇敢な先輩達が、黙々と練習を続けていたことを、彼等にも知っていて欲しいのである。

終戦から31年が経過した昭和51年に発行された『週刊ベースボール』（10月4日、11日号）ではさらに悲痛な思いを率直に吐露している。このとき伊丹は72歳。亡くなる前年の文章である。

早稲田の後輩たちの顔も、目をつぶれば、すぐに浮かんでくる。私が監督をつとめていたときの選手たちのなかから多くの戦争犠牲者が出ているのも悲しいことである。

将来、早大監督と密かに期待していた小野欣助や、松井栄造、本橋精一……みな、野球もそうだったが、人間的にも素晴らしいものを持った若者たちであった。彼らが戦場に赴くとき、私は腹の底から、「生きて帰れよ、死ぬなよ」と叫んだのを覚えている。しかし、私の祈りも空しく、これらの俊才は、散ってしまった。実に悲しいことであった。私はむしろ彼らに教えられることのほうが多かった気もする。

「神宮球場」から、「ステートサイド・パーク」へ

戦中、戦後直後の神宮球場について、改めて触れたい。

昭和18年4月7日、文部省による「六大学リーグ解散」の通達を受けて、神宮球場から野球が消えた。その前年となる昭和17年5月には高射砲が設置されて防空陣地となると同時に、東京師団、東京軍司令部が主たる使用者となる。また、この時期は旧近衛歩兵第四連隊である東

部第七部隊は、派遣兵や帰還兵の面会所として神宮球場を常時使用していた。

昭和20年5月25日、アメリカ空軍は大規模な空襲を行う。世にいう一連の「東京大空襲」である。神宮球場周辺でも、四谷、赤坂、麻布、渋谷、千駄ケ谷一帯が大損害を受けた。

このとき、神宮球場は東京都の貯蔵倉庫として使用されている。一塁側アーケード、そしてスタンド下には天井に届くほどの配給用の薪炭が積み込まれ、三塁側アーケード、ベンチ下には都の建築用資材が貯蔵されていた。

この日の空襲により、神宮球場は業火に包まれ、隣接する女子学習院にまで延焼したという。『栄光の神宮球場』には、次のような記述がある。

> 球場に格納されていた薪炭、建築資材、糧まつなど数日間燃えつづけ手のほどこしようもなかった。火勢はアーケードの鉄扉や窓わくなどを溶解し、鉄筋コンクリート造りの巨体も僅かに鉄骨の残がいが残るという惨状を呈した。幸いバックネットの中央部と外野スタンドの一部は戦禍をこうむることは少なかった。

そして、昭和20年8月15日を迎えた。

およそ1カ月後となる9月16日の連合軍の進駐とともに、神宮球場は接収された。軍の娯楽施設として使用するためである。それに伴い、「明治神宮野球場」という名称は改められ、新たに「ステートサイド・パーク」と名づけられた。第一章でも述べたように、「ステートサイド」の「ステート」とは「国」を意味し、ここでは「アメリカ合衆国」を指すものであり、「アメリカ専用球場」といった意味合いである。

同様に明治神宮外苑競技場は「ナイルキニック・スタジアム」と改称された。これは第二次世界大戦中に事故死したアメリカンフットボールの名選手の名前である。

当時、関係者の多くは「接収されたとはいっても、神宮球場が学生専用の野球場であることが理解されれば、学生野球の復活とともにシーズン中は貸してもらえるだろう」と気楽に考えていたという。実際に、昭和20年10月28日には野球復興の第一歩として「オール早慶戦」が開催されている。昭和17年10月25日の早稲田対立教戦以来、実に3年ぶりに神宮に野球が戻ってきたのである。

そして、東京六大学リーグは昭和21年春に再開される。しかし、かつてのホームグラウンドである神宮球場での試合開催は実現しなかった。リーグ戦前半は週末の上井草球場で、後半は平日の後楽園球場で試合が行われた。他にも、戸塚の安部球場、本郷の帝大球場、三鷹のグリーンパーク・グラウンドなど、流浪の日々が続いた。

その後、神宮球場の管轄がＧＨＱ（連合国軍最高司令官総司令部）に移されてからも、神宮球場の使用は実現しなかった。わずかに、ＧＨＱが野球やフットボールの試合、練習で使用せずに空いているときだけ貸与を許されるのみだった。

東京六大学がそれぞれ資金の一部を負担して誕生した学生専用球場であるにもかかわらず、「貸与」でなければ使用することを許されなかった時代が確かにあったのだ。

伊丹は「残った者の務めとして」、戦中、戦後も野球復興に関わり続けた。

昭和21年秋のリーグ戦は、「進駐軍の好意によって」(『栄光の神宮球場』)、神宮球場の使用が許された。９月14日のリーグ初戦について、伊丹は次のように書く。

全部緑に塗りつぶされた球場の中央スタンドには、ステートサイドパークの字が鮮やかにかかげられ、敗戦日本のみじめな姿をあらわしている。

接収が解除されたのは昭和27年３月31日のことだった。昭和20年秋の接収から、実に６年半に及ぶ長い、長い空白期間を経て、ようやく「神宮球場」が戻ってきたのである。

このとき、明治神宮に返還されるとともに、明治神宮外苑運営委員会が運営を統括することになる。伊丹も委員の一人として、神宮球場の戦後復興に向けて尽力する。

神宮球場の新章が始まろうとしていた――。

「あぶさん」と呼ばれた男を訪ねて

「伊丹さんは《佐高》の大先輩だし、私のプロ入りを後押ししてくれた大恩人です。お役に立てるかどうかはわかりませんが、私の知っていることでしたら何でもお話しします」

生前の伊丹とゆかりのある人物はいないか？

数々の資料を当たっていて、「ぜひ話を聞いてみたい」という人物が見つかった。かつて、近鉄バファローズ、日本ハムファイターズに在籍した永渕洋三である。プロ2年目となる69年には、張本勲とともに首位打者を獲得している。無類の酒好きとして知られ、水島新司の人気漫画『あぶさん』の主人公・景浦安武のモデルとなった人物と言われている。

永渕は現在、故郷の佐賀に暮らしていた。伊丹にとっての「一番楽しい時間」を過ごした思い出の地である。1942年生まれの永渕はすでに傘寿を過ぎていた。

「伊丹さんは《佐高》の先輩です。学制改革によって、私の頃は《佐賀高校》に、伊丹さんの頃はまだ《佐中》、つまり《佐賀中学》と呼ばれていましたね。現在では《佐賀西高校》に改称されていますけど、どんな名前になろうとも、私にとっては《佐高》のままです。昭和33年、高校1年のときに、私は背番号《13》をもらって甲子園に出場、ベンチ入りすることができました。1回戦で敗れたので出番はなかったんですけど、入場行進のときの大歓声はよく覚えています。すり鉢状の甲子園球場で大歓声が響き渡っていました。あれは本当にすごかった」

戦前、戦後、県内を代表する進学校である佐賀高校1年の秋、永渕は本格的に投手に転向する。当時、163cm、54kgと小柄ではあったが、緩急を巧みに使い分け、打者の打ち気を削ぐ投球術が光った。抜群のコントロールが持ち味の技巧派投手だった。

九州大会での優勝はあったものの、1年夏以来、甲子園には縁がなかった。家庭の事情もあり、大学には進学せず、彼が選んだのは社会人野球だった。

「高校卒業後、社会人の東芝で野球を続けることに決めました。そのきっかけを与えてくれたのが伊丹さんでした。元々は、今のNTT、あの当時は電電九州というノンプロチームに決まっておったんですよ。でも、伊丹さんが〝どうせ野球をやるんだったら、東京に来なさい〟っていうことで、電電九州を断って東芝に入ったんですね。当時、伊丹さんは東芝の監督さんでした。で、神宮外苑の苑長さんも兼ねていました」

この言葉にあるように、永渕が東芝入りした61年、伊丹は社会人野球・東芝の監督であり、神宮外苑長も兼務していた。高校の大先輩である伊丹との出会いが、永渕の人生を大きく変えることになったのだ。

伊丹の尽力により、近鉄バファローズに入団

東芝における永渕と伊丹との関係は、わずか1年で終わった。62年に伊丹は東芝監督を辞し、神宮外苑長に専念することを決めたからだ。社会人2年目、永渕は投手として活躍しつつ、二番打者として打率・380を記録して敢闘賞も獲得している。

チームは予選で敗退したものの、いすゞ自動車の補強選手として都市対抗野球にも出場。早くも非凡な才能が開花していた。この頃、永渕は川崎球場で大洋ホエールズ対読売ジャイアンツ戦を観戦している。王貞治、長嶋茂雄の姿が鮮明に焼きついている。

「三番の王さんが一本足打法で左打席に立っている。ネクストバッターズサークルでは長嶋さんが片膝を立てたまま戦況を見つめている。それを大観衆が息を呑んで見守っている。この試合をこの目で観戦して以来、〝いつかは自分もプロでプレーしたい〟という思いが強くなりました」

王が一本足打法を始めたのが、まさにこの年のことだった。さらに永渕は続ける。

「当時、立正佼成会の黒江（透修）さんが都市対抗野球で、熊谷組の補強選手として活躍されて巨人に入ったんです。黒江さんはそんなに大きくないんですよ。で、それを見て、〝ひょっとしたら、オレもできるんじゃないかな？〟という気になったんですね」

プロへの思いが強くなっていた永渕の力となったのが、やはり伊丹だった。

65年夏、神宮球場まで伊丹を訪ね、率直な思いを打ち明けた。伊丹はすぐに、当時、西鉄ライオンズコーチだった深見安博に紹介状を書いてくれた。

「伊丹さんからの紹介状を持って福岡の平和台球場まで行きました。監督は中西太さんでした。稲尾和久さん、池永正明さん、高倉照幸さん、仰木彬さんら、そうそうたるメンバーがそろっていましたね。ところが中西さんは僕の練習は全然見ないんです。身体が小さいから、最初から獲る気はなかったんでしょうね」

数日後、球団マネージャーから「獲得はできない」と連絡が入った。覚悟はしていたけれど、目の前にあった憧れのプロの世界が遠のいてしまった落胆は大きかった。近所のスナックに入り浸り、グイグイと酒を煽る日々が続いた。

「西鉄のテストに落ちてから、毎晩のように呑むようになりました。すぐにツケが溜まり、次第にその額も大きくなっていって……」

しかし、ここでも力になってくれたのが伊丹だった。

「スナックのツケもどんどん増えていたので、もう一度プロを目指すことにしました。そこで、再び伊丹さんの下を訪ねました。いろいろツテをたどってくれて、紹介されたのが近鉄バファローズでした」

バファローズ球団社長の芥田武夫は早稲田ＯＢであり、伊丹の先輩でもあった。当時、ずっと下位に低迷していたバファローズにとって、永渕は投手としても、打者としても、戦力となる可能性があった。さらに永渕にとって幸いだったのが、このときから新監督として三原脩が就任したことである。三原もまた早稲田ＯＢであり、かねて伊丹は、後輩である三原の面倒を何かと見ていたのである。

「伊丹さんからの紹介ということもあって、芥田さんも三原さんも断り切れなかったようです。こうして、昭和42年のドラフト会議で指名されることになったんです」

67年ドラフト２位で、永渕はバファローズ入団を決めた。契約金は４００万円、年俸は１２０万円。当時、東芝の給料が３万円程度だったという。ツケが溜まっていた店に顔を出し、すべて返済した。借金を完済した気楽さから、さらに酒量も増えた。

まさに、「あぶさん」の面目躍如であった。

東芝による「ナイター施設寄進」の申し入れ

さて、ここで改めて「伊丹と神宮球場」に話を戻したい。

前述したように、伊丹が東芝監督を辞し、神宮外苑での仕事に専念したのが62年のことだった。このとき伊丹は、神宮球場史に残る偉業を実現している。

それが、神宮球場のナイター設備竣功である。厳密に言えば、それ以前からプロジェクトは進んでいたのであるが、伊丹の専任とともに積年の悲願が実現したことは、改めて明記しておきたい。

これによって、神宮球場から「日没コールド」がなくなった。つまり、「早慶6連戦」は二度と実現することがなくなったのである。

一連の出来事のキーパーソンとなったのが伊丹である。発端は終戦から13年、接収解除から6年が経過した58年にさかのぼる。このとき伊丹は東芝野球部監督の傍ら、明治神宮外苑長代理、東京六大学野球連盟理事、球場専門委員を兼務していた。

58年、東京六大学連盟は六大学人気復興策を模索していた。立教大学の長嶋茂雄がジャイアンツに入団したこの年、大学野球とプロ野球の人気が逆転しつつあった。戦後、プロ野球が興隆したこと、接収により神宮球場が使えなかったことなどにより、戦前と比べると、東京六大学の人気は低迷していたのである。

そこで、六大学出身の報道関係者を招き、意見交換をすることになった。この際に、真っ先に議題となったのが「神宮球場の近代化」であり、具体的には「ナイター施設敷設」であった。しかし、この時点では「莫大な経費をどのように捻出すればいいのか?」が問題となり、「実現は難しいだろう」と結論づけられた。

しかし、翌59年8月8日、事態は意外な展開を見せる。

この日、東芝本社において東芝野球部の強化会議が行われていた。このとき伊丹は、居並ぶ東芝本社幹部に対して、大胆な提案を行っている。


――神宮球場にナイター施設を寄進してほしい。


前述の『栄光の神宮球場』によれば、伊丹自身も「その可能性はほとんどないと思っていた」と振り返っているが、12月5日、当時の岩下文雄東芝社長は明治神宮宮司・甘露寺受長に対して、「学生野球の発展に寄与するため、会社創立85周年の記念として神宮球場にナイター施設を寄進したい」と申し入れたのである。

球場の近代化のためにも、ナイター敷設は必須であった。問題となる莫大な工事費が無償になる。神宮球場サイドにとって、まさに渡りに船の提案であった。そして、数度の球場専門委員会を経て、12月12日に明治神宮と東京芝浦電機株式会社との間で、正式に寄進締結がなされたのである。誰もが得をする美しい展開となるはずだった。

しかし、事態はここからさらに紆余曲折を経ることとなる。

まさかの「ナイター設置計画」の白紙撤回

東芝によるナイター施設の寄進に対して、真っ先に疑義を申し出たのは、恩恵を被るはずとなる東京六大学野球連盟だった。彼らの主張は「学生野球の優先、球場の品位保持に問題がある」というものだった。

彼らが訴える「品位」とは何か？『栄光の神宮球場』には次の記述がある。

一、学生野球にナイター施設はプラスにならない。健康、学業いずれよりみるも必要が認められないばかりでなく害となる。

二、電力の基本料などのため、維持費が高くなり、そのしわ寄せが六大学の負担となる。ナイター施設は物心両面よりみるも見送るべきである。

これが、専門委員により構成された小委員会の結論であった。

さらにこのとき、委員の間からは「伊丹の独断だ」とか、「東芝との汚職の疑いがある」という、根拠のない批判まで持ちあがった。

それでも、明治神宮サイドは「小委員会の結論はなんら拘束権を持たないもの」と考え、寄進契約通りに着工準備を進めていた。しかし、こうした一連の事態に対し、疑念を抱いたのが東芝本社だった。60年1月30日、東芝の平賀潤三専務が明治神宮を訪問し、「関係者全員が喜んで受けてもらえないから、白紙にしたい」と申し出たのである。

このとき、早稲田大学野球部の礎を築き、当時朝日新聞社に勤めていた飛田穂洲はこんな言葉を残している。『栄光の神宮球場』より抜粋したい。

神宮球場の大屋である明治神宮が、ナイター施設をするからといって、六大学野球連盟が反対するのはおかしい。いやなら六大学は使用しなければよい。六大学が反対するとすれば、ナイター施設のために六大学の使用料が大幅に値上げされたり、あるいは試合に支障が起こったような場合である。しかし、自分の考えとしては、六大学野球は太陽の輝くもとでやるべきであると思う。

六大学の寄付が建設費の一部に充てられて誕生した神宮球場であるが、その後の管理は明治神宮に一任されていた。戦争が終わり、接収が解除された後は、球場維持費の捻出は明治神宮に託されてきた。こうした事実を称して飛田は「神宮球場の大屋である明治神宮」と述べたのである。

当時の世論は「ナイター施設敷設」に対して好意的な反応が多かったという。ファンとしては「夜でも野球観戦が楽しめる」ということが魅力的だったからだ。

この頃の記事を見ると、マスコミ上でも擁護論が目立つ。

後に初代文化庁長官となる今日出海は「昼間は学生は学校で勉強すべきで授業にも出ずに野球をすることこそ、学生の本分にもとるものである」と強固に主張し、戦前には、東条英機内閣の内閣書記官長などを務めた星野直樹は「一千万都民のために健全な娯楽の場を増やすこと。これは今日の東京の最大の問題の一つである。その解決が一部関係者の無意味な反対のために、邪魔をされ阻止されることは許されるべきことではない」と厳しく断じている。

さらに、当時ＮＨＫ会長の阿部真之助は「なぜ学生野球が昼間に限るか、どうして夜間やってはいけないか、私にはわからないのである」と述べている。さらに阿部は、神宮球場の成り立ちに言及した上で、次のように述べる。

もともとこの球場は、六大学により創設されたものだから、六大学に有力な発言権があるのはいうまでもないが、今日のごとく野球が一般化した事情の下では、六大学的立場のみで、球場の利用を考うべきでないのも、いうまでもないのである。

こうした声はあったものの、当の東芝本社が「寄進は白紙にしたい」と述べた以上、この計画は頓挫することになった。伊丹の無念は大きかった。

そして、この年の秋、後に伝説となる「早慶6連戦」が行われたのである。

東京オリンピックによる恩恵

しかし、ここで伊丹にとって、そして神宮球場にとって予期せぬ幸運が訪れる。

64年開催が決まった東京オリンピックである。これに先立って、国立競技場への高速道路が建設されることが決まった。その用地の一部が神宮外苑の敷地であったため、首都高速道路公団からの要請により、建設用地を売却することが決まったのだ。明治神宮にとって、この譲渡金は予期せぬ「臨時収入」となった。

東芝からの寄進白紙が決定した後も、伊丹はナイター施設計画を諦めていなかった。こうして、61年10月5日の外苑運営委員会において、「神宮球場増改築・ナイター施設案」を提出、承認された。そして10月30日には大学野球を筆頭に、高校、社会人野球関係者に事情説明を行う。この席において、「翌春開幕までにスタンドの増改築工事を終えること」「収容人員が増加すること」「ナイター施設を完備すること」、そして、大学野球関係者にとっての懸念事項である「使用料の値上げを行わないこと」を決めた。

それでもまだ反対意見を述べる者はいたものの、今回の近代化計画は明治神宮独力で行うものであることを理由に、反対勢力を退け、計画通りに進めることを確認した。

これらの過程で獅子奮迅の働きを見せたのが伊丹だった。

11月2日には伊達巽宮司による記者会見が行われ、報道陣に対して趣意書を手渡し、今回の計画に懸ける思いを説明する。文中にはこんな一文がある。


神宮球場と東京六大学野球連盟との特殊な関係は将来永く尊重せられ、そのシーズンの優先確保は今さら申すまでもありません。その余日は広く社会人野球、プロ野球等にも開放し、ナイター施設を十分活用し、その増収を計り、余剰金を生じたときは、球場の整備改装を行うとともに、学生野球の球場使用による負担の軽減をはかり、更に積極的援助をして学生野球の発展に寄与せんとするものであります。

プロ野球開催により利益を生み出し、それをもって学生野球の負担を減らすとともに、維持費、運営費とする。現在に続く収益モデルである。そして、この瞬間こそ、神宮球場とプロ野球との密接な関係の始まりだった。

伊丹が死の直前に遺した、「ラストメッセージ」

漫画『あぶさん』のモデルと称される永渕洋三は言う。

「伊丹さんはとても頭の切れるスマートな方でした。その一方で、自分の意思を曲げない強い精神力を持った方でもありました。僕なんかと違って煙草は吸わない、酒は呑まない。本当に真面目な方ですからね。あの当時、我々佐高野球部の先輩、後輩も、高校を出て上京すると、神宮外苑でアルバイトをしました。みんな伊丹さんにはお世話になっているんですよ。僕の場合は、社会人入り、プロ入り、そのすべてを伊丹さんのお世話になっていますから、本当に頭が上がりません」

恩師である伊丹が守り、そして発展させた神宮球場が、創立100周年を前に再開発されることが決まった。その一方で、再開発に対する反対運動も起こっている。一連の出来事について、永渕に尋ねる。

「うちの息子もお世話になっていますから、決して他人事ではないですから……」

そうなのである。現在、明治神宮野球場の場長である永渕義規は、洋三の息子である。再開発に関する記事を整理していて、現在の球場長の名字が「永渕」であることを知った。さらに資料を集めていくと、その彼が「あぶさん」こと、永渕洋三の息子であることを理解した。永渕家にとって、伊丹との縁はさらに強固なものとなっているのだ。

改めて、父・洋三に「神宮再開発問題」について問うた。

「僕としては、賛成でも反対でもなく、どちらかというと〝勝手におやりなさい〟みたいなもんで、古くなって数々の問題が生じているのであれば、それを直そうと考えるのは当然のことだと思っています。ただ、息子はこれからたくさんの資料を作ったり、いろいろと仕事が忙しくなるみたいですね。彼はもう55歳ですから、新球場が完成する頃には定年を迎えるぐらいですよね。はたして、どうなるんでしょうね」


これまで何度か引用してきた『栄光の神宮球場』の奥付を見ると、「昭和五十二年十一月八日発行」とある。「昭和五十二年」、すなわち「１９７７年」である。改めて、伊丹の没年月日を確認する。伊丹が亡くなったのは77年10月19日である。

『栄光の神宮球場』の「発刊の言葉」には亡くなる直前の伊丹の言葉が載っている。


第二次世界大戦の結果、外苑の運営は戦前のように、国家の予算に依存することが許されなくなり、宗教法人明治神宮の外苑として、自力で運営しなければならなくなった。これがために宗教法人法において許される範囲の収益事業を行い、諸施設の補修改築、あるいは、これらの造成をすべて自らの手で行うこととなった。すなわち最大の収入源となる神宮球場を近代化し、プロ野球を導入し、その収益によって球場の維持に要する諸経費のほか、学生野球の負担軽減をはかるなど、プロ野球に負うところが多くなったのである。

国家予算に依存することなく、自力で運営するために、プロ野球の収益によって球場維持、運営費に充てる――。

繰り返しとなるが、これこそが終戦直後から変わらぬ、神宮外苑の経済システムであり、収益モデルである。そしてそれは、令和期における再開発問題の争点ともなっている。税金を投入することなく、国家に頼らず、自前で運営していくための「明治神宮モデル」なのである。

この「発刊の言葉」の末尾には「昭和五十二年九月二十日」と記されている。亡くなるおよそ1カ月前の伊丹の言葉を噛み締めつつ、私は神宮球場に向かう。

球場外周を歩いていると、目の前に一基の照明塔が現れた。裏に回り、金属製のプレートを確認する。そこには「照明塔改修工事」と刻印されている。その施工者はもちろん「東芝電材株式会社」である。

私的神宮史を巡る旅は、まだ始まったばかりだ――。

訳文

GHQ第8軍団より横浜軍政局あて覚え書

1945年9月18日付け

横浜軍政局長　ススキタダカツ殿　　第Z-741号

1. 下記施設を占領軍の用に供することを希望する。
   東京都明治神宮外苑　神宮外苑スポーツセンターおよび付随施設（YMAビル，陸上競技場，野球場，ボクシング場，水泳場，絵画館を含む。）
2. 下記の行為のいずれか一方を明示し，本覚え書1通を返却されるよう望む。

司令官代理

（署名欄）

1. 上記施設を提供する。
2. 上記に代わり，下記の類似施設を提供する。

横浜軍政局

（署名人）＿＿＿＿＿＿（日付）＿＿＿＿＿＿

（写し）

要求書番号　第118号

日付：1945年11月10日

所要引渡日：1945年11月14日以前

明治神宮スポーツセンター公園（神宮外苑）ならびに付属施設（YMAビル，陸上競技場，野球場，ボクシング場，水泳場，絵画館）。占領軍レクリエーションセンターとして使用。

右の書類の訳文。神宮球場は野球場、相撲場（のちの神宮第二球場）はボクシング場に。

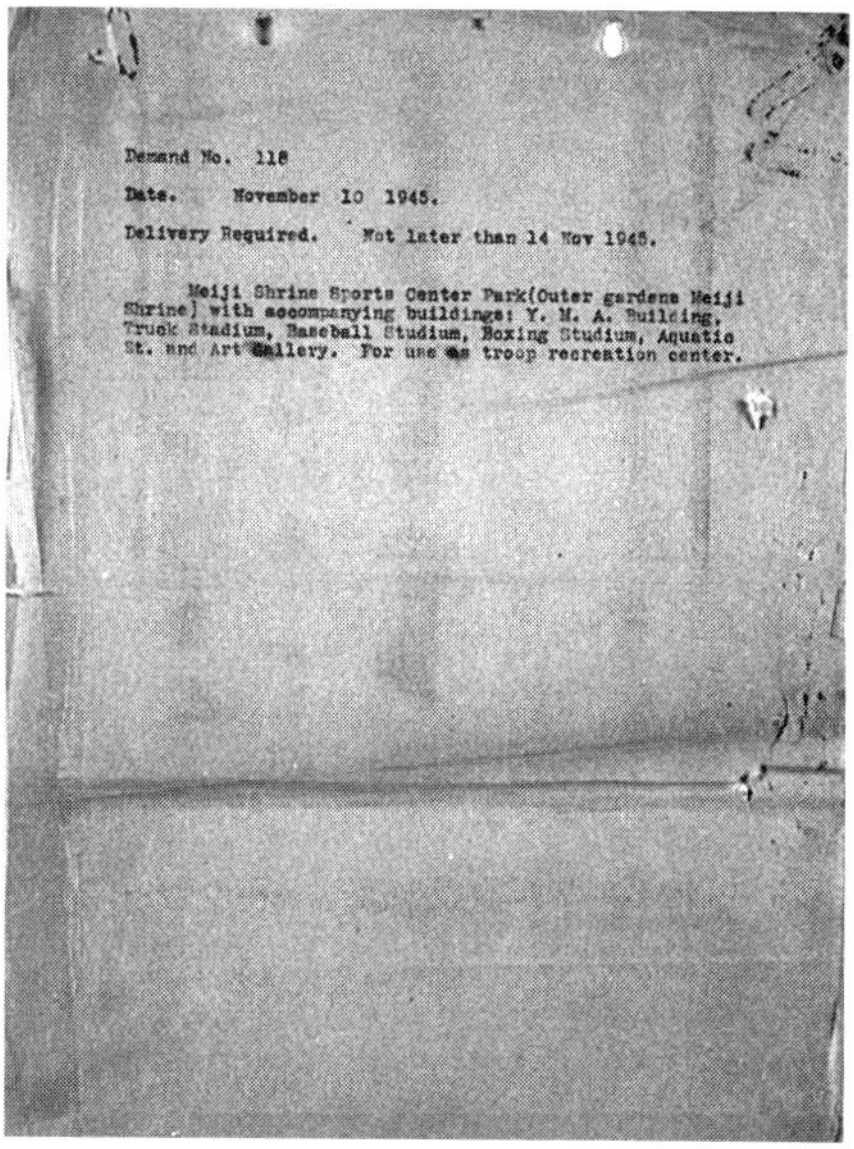

Demand No. 118

Date. November 10 1945.

Delivery Required. Not later than 14 Nov 1945.

Meiji Shrine Sports Center Park(Outer gardens Meiji Shrine) with accompanying buildings: Y. M. A. Building, Truck Stadium, Baseball Studium, Boxing Studium, Aquatic St. and Art Gallery. For use as troop recreation center.

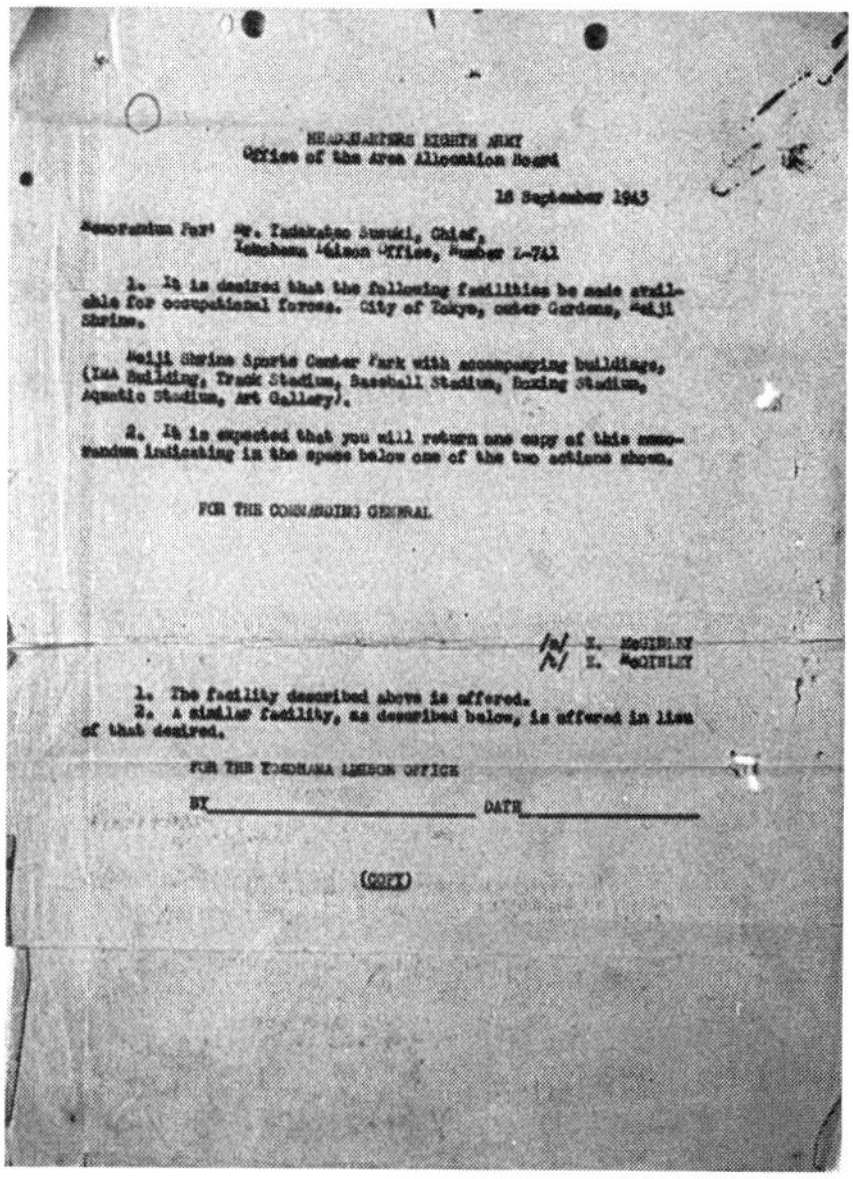

HEADQUARTERS EIGHTH ARMY
Office of the Area Allocation Board

18 September 1945

Memorandum For: Mr. Tadakatsu Suzuki, Chief,
Yokohama Liaison Office, Number Z-741

1. It is desired that the following facilities be made available for occupational forces. City of Tokyo, outer Gardens, Meiji Shrine.

Meiji Shrine Sports Center Park with accompanying buildings, (YMA Building, Track Stadium, Baseball Stadium, Boxing Stadium, Aquatic Stadium, Art Gallery).

2. It is expected that you will return one copy of this memorandum indicating in the space below one of the two actions shown.

FOR THE COMMANDING GENERAL

/s/ E. McGINLEY
/t/ E. McGINLEY

1. The facility described above is offered.
2. A similar facility, as described below, is offered in lieu of that desired.

FOR THE YOKOHAMA LIAISON OFFICE

BY＿＿＿＿＿＿＿＿＿＿ DATE＿＿＿＿＿＿＿＿＿＿

(COPY)

1945年9月18日、空襲にあった神宮球場は「ステートサイド・パーク」と名付けられ、進駐軍専用野球場に。GHQ接収時の書類。

1945年、進駐軍特殊事業部が主催したロデオ大会が神宮外苑野球場で開かれ5万人超が参加(提供:朝日新聞社)。

1952年3月31日、神宮球場接収解除、明治神宮に返還。進駐軍のスポーツ施設は軟式球場に。

1962年6月10日、初のナイターが開催。東映・大毎のダブルヘッダーで、5回に6基の照明塔が一斉に点灯された。

第四章

神宮球場で最も勝った男、最も打った男

初めて神宮球場を訪れた忘れられぬ一日

10歳になる直前、初めて神宮球場を訪れた。日付までハッキリと覚えている。それは1980（昭和55）年4月26日のことだった。この日、ヤクルトスワローズの先発は安田猛。当時、漫画『がんばれ!!タブチくん!!』にも登場していて、小学生にとってなじみのある選手だ。

初めて目の当たりにするプロ野球。当時9歳だった私は、見るもの、聞くものすべてが新鮮で刺激的であり、何から何まで楽しく幸せだった。

試合は4対0で迎えた8回表、阪神タイガースは安田を攻め立て一死満塁のチャンスを作る。ヤクルトは安田を諦め、二番手に井原慎一朗を送ったのだが、その井原が阪神の五番・竹之内雅史に満塁ホームランを打たれ、あっという間に試合は振り出しに戻ってしまった。

しかし、9回裏に二番・角富士夫がレフトにサヨナラ2ランホームランを放って、ヤクルトは見事なサヨナラ勝利を遂げたのだ。

まだ、野球のルールなどきちんと理解していなかったけれど、それでも神宮の夜空に吸い込まれるように消えていく白球の弾道はよくわかった。それは実に美しい光景だった。

あのとき抱いた、「こんなに野球って、面白いのか！」という感慨は、あれから45年が経過しても、まったく色あせていない。

当時、千葉に住んでいた我が家は、この日、新宿・京王プラザホテルに宿泊することになっていた。家族全員での宿泊が控えている中で、初めてのプロ野球観戦。帰りの時間を気にする必要もない。しかも、その試合は大好きなヤクルトの劇的な勝利で幕を閉じたのだ。

人生にいくつかのターニングポイントがあるとすれば、まさにこの日は、私にとってのメモリアルデーの一つに数えられる大切な一日となった。

それ以来、一体どれくらい、神宮球場に足を運んだのかまったくわからない。

小学生、中学生の頃、高校時代は千葉から通った。野球ばかり見ていたため、浪人することになったものの、「帰りに神宮球場に寄れるから」という理由で、予備校はすぐ隣の代々木ゼミナール・代々木本校を選んだ。勉強もせずに神宮の片隅に腰を下ろしながら、関根潤三監督率いるヤクルトナインを応援する背徳感はいまだに忘れられない。

この間、ずっとBクラスだった。弱かったけれども、それでも大好きな若松勉が左バッターボックスに入るだけで幸せだった。池山隆寛、広沢克己（現・広澤克実）が豪快なスイングを見せてくれるだけで、胸がスカッとしたものだった。

もちろん、大学時代も神宮球場に通った。

第一志望の早稲田大学に入学したことで、今度は「早慶戦」を筆頭に、東京六大学リーグを観戦する楽しさを知った。以来、「昼は早稲田、夜はヤクルト」と、神宮球場に入り浸りの生活を送るようになった。

社会人になっても、神宮通いは続いた。仕事の合間を縫って、お茶の水の会社から信濃町まで足を運んで、ヤクルトの勝利を見届けると、そのまま会社に戻って仕事をした。出版社勤務だったので、昼夜逆転生活だったことが幸いして、野球観戦、ヤクルトの応援には、それほど支障がなかったのだ。

33歳のときに会社を辞め、フリーランスライターとして生きていくことを決めた。当初は野球をテーマにするつもりはなかったけれど、結果的に野球関連の仕事が増えていく。しばらくの間、ヤクルトファンであることは公言していなかったが、編集者の間でそれが広まってくると、野球に関する仕事、ヤクルトに関する取材依頼が増えていく。そして、2017（平成29）年、私は『いつも、気づけば神宮に　東京ヤクルトスワローズ「9つの系譜」』（集英社）という本を出版する。

そして、この本では運命的な再会を果たす。

そう、あの少年の日、劇的すぎるサヨナラホームランを放ち、私に野球の面白さを教えてくれた角富士夫である。「再会」といっても、こちらの一方的な思い込みであるのは重々承知しているが、ついに角と対面したのである。同書より、その場面を引用したい。

単刀直入に僕は切り出した。

――昭和55年の4月だったと思うんですけど、阪神の池内さんから打った、サヨナラホームランのことはご記憶にありますか？

あまりにもピンポイントな質問に、角さんの表情に困惑の影が浮かぶ。

「はい、はい。サヨナラを打ったってことぐらいしか記憶にないですけど……」

（……そうくると思った！）

――では、この新聞コピーを見ていただきたいのですが……。ご記憶にありますか？

自分の表情を見ることはできないけれど、このときの僕の顔は、「これぞドヤ顔」というものだったはずだ。カバンから取り出したのは当時から愛読していた日刊スポーツのコピー。日付は80年4月27日。「ヨン・ニーロク決戦」の翌日の紙面である。この日の日刊スポーツは、一面で前夜の角さんの活躍を大々的に報じていた。

そして私は、角に感謝の思いを伝えることに成功する。

そして角さんの顔に、（でも、何でこの試合を？）という表情が浮かんだので、僕は満を持して口を開いた。

――実は、完全に個人的な話になるんですけど、僕が初めてプロ野球の試合を見たのが、この試合でした。このときの角さんは本当にカッコよくて、それ以来、現在までずっとヤクルトファンなんです。本当にどうもありがとうございました!

(……あぁ、言えた!)

先ほどの「ドヤ顔」に続いて、今度は、長年抱いていた感謝の思いを伝えることができた安堵感から、完全に弛緩し切った「腑抜け顔」になっていたはずだ。

(中略)

――この試合、このホームランがきっかけになって、僕は35年以上もヤクルトファンとして楽しい人生を過ごすことができています。本当にどうもありがとうございました!

「いえいえ……(笑)」

口数は少なかったけれども、はにかんでいる角さんの姿が見られただけでも、ここに来たかいがあった。

ついつい思い出話が長くなってしまったが、この日以来、私は神宮球場とともに人生を歩み、そろそろ還暦も視野に入る年齢となった。「ヤクルトと長谷川」、そして「神宮球場と長谷川」

は切っても切り離せない不可分の関係にあるのだ。

神宮球場で最も勝った男と、最も打った男は？

日本野球機構（NPB）の公式ホームページには「12球団本拠地球場」というコーナーがあり、「神宮」を見ると、そこにはさまざまなデータが並んでいる。

ここ数年、開幕前になるとこの欄を見るのが恒例となっている。ここには神宮球場での「個人通算勝利」「個人通算セーブ」「個人通算本塁打」「個人通算安打」など、神宮球場で躍動した選手たちの輝かしい記録が一覧形式で表示されている。

2024（令和6）年開幕時点には、こんな記述がある。

【個人通算勝利】
91勝　松岡弘　アトムズ（5勝）、ヤクルト（86勝）
91勝　石川雅規　ヤクルト（91勝）

【個人通算本塁打】

１６７本　池山隆寛　ヤクルト（１６７本）
１５６本　山田哲人　ヤクルト（１５６本）

投手の「個人通算勝利」では、ヤクルトのレジェンド・松岡弘と、現役の石川雅規がともに91勝で並んでいる。ちなみに、国鉄スワローズ時代に３５３勝を記録した史上空前の４００勝投手、金田正一がランクインしていないのは、当時のスワローズはまだ神宮球場を本拠地としておらず、彼は主に後楽園球場で白星を稼いでいたためである。

一方の「個人通算本塁打」では、24年シーズンに二軍監督を務めた「ブンブン丸」池山隆寛が１６７本塁打で歴代トップだが、それを現役の「ミスタースワローズ」山田哲人が１５６本で追っている。その差は11本だ。

石川も山田も、現役選手である。「今年こそ、トップが入れ替わるのではないか？」と、ワクワクしながらこのリストを眺めるのが、球春到来を目前に控えた私にとっての至福の時間なのだ。

ちなみに、「個人通算安打」は１位が宮本慎也の９４１本で、２位が若松勉の９３０本、続いて、３位・青木宣親９１０本、４位・古田敦也８８５本、５位・山田哲人７２２本（いずれも24年開幕時点）となっている。そして、「個人通算セーブ」はもちろん、ヤクルト黄金時代の不動のクローザー・髙津臣吾現監督の118個である。

ここに名前の挙がった宮本、若松、青木、古田、山田、髙津……。歴代レジェンド全員にインタビューをさせてもらったことがある。まさに、ライター冥利に尽きる喜びである。

24年春――。

「今シーズン、ついに石川が単独神宮最多勝投手となり、同時に山田が神宮最多本塁打王となるのだ」と、私の鼻息は荒かった。

「神宮球場最多勝利タイ」――石川雅規

石川が「神宮91勝目」を挙げたのは、22年6月19日、広島東洋カープ戦のことだった。もちろん、この試合も神宮で観戦した。翌20日、私は前夜の興奮冷めやらぬまま、当時無料配信していた個人メルマガで、こんな文章を配信した。

さて、今朝のスポーツ新聞を読んで感慨深い思いになりました。今朝の日刊スポーツには「42歳石川　神宮最多タイ91勝」と見出しが打たれていました。そして、「神宮球場通算勝利5傑」も一覧で掲載されています。

松岡弘	91勝	80敗
石川雅規	91勝	72敗
尾花高夫	54勝	64敗
石井一久	49勝	29敗
安田猛	44勝	33敗

朝からしみじみしてしまいました。ここに並んだ5人の名投手たち。僕はいずれも、神宮球場でその雄姿を目撃しています。そして、この5投手にはいずれも、インタビューをしたことがあります。

小学生の頃は、松岡、安田が頑張っていました。中学、高校の頃は尾花が一人で奮闘していました。この5人の中では唯一、黒星先行ですが、その内容は決して他の4人に劣るものではありませんでした。だって、ホントに打てなかったんだもの（涙）。あの頃の尾花、今思い出してもグッとくるなぁ。カッコよかったなぁ。

そして、大学生になり、社会人になった頃は石井一久が本格派エースとして君臨していました。日本シリーズでの石井の存在感はハンパなかった。

そして、21世紀の大エースは間違いなく石川雅規です。この20年以上、彼は神宮のマウンドを守り続けていたんだなぁと胸が熱くなります。

僕はこれまで、伊藤智仁、館山昌平の本を書いてきました。両者が共通して言っていたのは「一時期だけ活躍した僕と違って、長年にわたって投げ続けているマサ（さん）の方が、どれだけ立派で大変なことか」ということでした。

僕は松岡弘が大好きでした。191勝190敗で現役を引退したとき、「あと9勝だったのに……」と心の底から嘆きました。拙著『いつも、気づけば神宮に』でも書きましたが、このことについて聞いたときの松岡さんが本当にカッコよかった。

「みんな《191勝》のことを口にするけど、本当に僕が自慢できるのは《190敗》の方なんだよね。190敗もしたのに、それでも信頼して試合に使ってもらった。それはいちばんの自慢。巨人にいたら、こんなに負けたら使ってもらえないよ。でも、僕はヤクルトで190敗もしながら、それでも信頼して使ってもらった。それを自慢したい気分だね」

ここ最近の石川の登板を見ているたびに、僕は松岡さんのこの言葉の意味を噛み締めています。

近い将来、石川が「神宮球場歴代勝利」の単独1位に躍り出ることでしょう。僕はその日を楽しみにしつつ、改めて松岡、安田、尾花、石井一の雄姿を思い出したいと思います。

みんないいピッチャーだったなぁ。

他の4人の雄姿は、今では思い出の中でしか見られないけれども、唯一、石川だけがリアルタイムでこれからの活躍を目撃することができます。その幸せを改めて噛み締めながら、次回登板も期待して待ちたいと思います。

……残念ながら、この日以降、石川は神宮で勝ち星を挙げておらず、91勝のまま足踏みしている。23年シーズン、24年シーズンと、石川は神宮球場では1勝もできなかった。球界最年長選手となり、なかなか登板機会に恵まれなかったこともある。せっかく与えられたチャンスで結果を残せなかったこともある。

24年シーズンも佳境にさしかかった夏の日、調整中の石川の話を聞くために、ヤクルトファームのある埼玉・戸田寮を訪ねた。

石川は今、何を思っているのか？

石川にとって、神宮球場とはどんなところなのか？

人生の半分以上を過ごしている神宮球場

「こんにちは。暑い中、遠いところをわざわざどうもありがとうございます。まずは、これでも飲んでください」

出迎えてくれた石川は、いつものように深々と頭を下げている。その手には、同席した編集者の分と私の分と2人分のヤクルト製品数種類が握られている。コーヒー、お茶、そして乳製品。それぞれ2本ずつだ。マスコミ陣の中で「気遣いの人」と呼ばれる所以がここにある。こんなに腰の低いプロ野球選手は見たことがない。しかも石川は「現役最年長」という肩書を持つレジェンド選手なのである。

まずは、青山学院大学時代から始まる「神宮のマウンド」について尋ねた。

「神宮球場って、プロ野球だけが使う球場じゃないですよね。昼間は大学野球があって、ナイターでプロ野球があって……。つまり、マウンドが一回使われた上で、もう一度試合がある。それはやっぱり独特ですよね。もちろん、球場の方々が必死に大学野球の後に整備をしてくれているんで別に問題はないんですけど、そういう意味では〝他のプロ野球の球場とは違うな〟という印象はありますね」

昼間、大学野球が行われているときと、そうでないとき。

そこには「明確な違いがある」と石川は言う。

「語弊がある言い方かもしれないですけど、確かに《使用感》はありますね（笑）。実際にマウンドに立ったときに、〝あっ、今日は昼間に大学野球があったんだな〟ってわかります。足の裏の感覚で、昼間の試合の熱さを感じることがあるんです。でも、僕はそれは気にならないですし、ヤクルトの他のピッチャーもそうじゃないですかね。ひょっとしたら、ビジターチームの投手は気になるのかもしれないですけど」

石川がプロ入りしたのは02年のことだ。98〜01年までは青山学院大学の投手として、やはり神宮球場を主戦場としていた。石川がこの球場を明確に意識したのが、大学入学の前年となる97年、秋田商業高校3年生のことだった。

「僕の小中学校の1個上の先輩が鎌田祐哉さんなんです。その鎌田さんが早稲田に入学して、早慶戦に登板しました。1年生ですでに神宮で投げている姿を、秋田からテレビで見ていました。〝鎌田さん、すごいな〟って思うと同時に、〝学生野球でこんなに盛り上がるんだ〟と驚きました。それと、青空に映えるブルーの観客席とグリーンの人工芝がとてもきれいで〝いい球場だな〟って見ていたことが印象に残っています」

石川の言う「鎌田さん」とは、同郷の1学年上の先輩であり、石川にとって幼い頃からの憧れの存在である。鎌田は秋田経法大付属高校（現・ノースアジア大学名桜高校）から早稲田大学を経て、00年ドラフト2位でヤクルト入りしている。プロでも石川と鎌田はチームメイトになっているのだ。

青山学院大学入学後、先輩たちの試合を応援するために、石川は初めて神宮球場を訪れた。まだベンチ入りメンバーには選ばれていない。観客席から先輩たちの雄姿を見守るのが、入学したばかりの1年生の役割だった。

球場に着く。指定されたゲートから、応援席を目指す。薄暗いコンコースを歩き、スタンドに続く階段をゆっくりと上る。

そして、一気に視界が開ける――。

「暗闇を抜けると、一気に明るく鮮やかな芝生が目に飛び込んできました。そのとき初めて、〝何て見やすい球場なんだ、本当にきれいな球場だなぁ……〟って実感しました。その印象は強烈に残っています」

この年の春、初めて神宮のマウンドに立った。まだまだ先発はおろか、1イニングを任せられるような投手ではなかった。

「このときは、左バッター相手にワンポイントで登板しました。高校3年の夏に甲子園球場で投げたことはあったけど、人工芝の球場は初めてでした。このときは〝カッコいいなぁ〟って、シンプルに感動していました（笑）」

これが、「人生の半分以上を過ごしてきた」と、後に本人が語る石川と神宮球場マウンドとの出会いだった——。

憧れの先輩に投げ勝って胴上げ投手に

大学2年生となった99年、石川はいきなり覚醒する。

1年冬に1日20㎞の走り込みを自らに課して体力面を強化。さらに春合宿でスクリューボールを習得すると、その才能がいきなり開花したのだ。春季リーグでは79イニングを投げて6勝をマーク。防御率は1・71でトップに輝いた。混戦の中でチームを優勝に導き、MVP、最優秀投手、ベストナインの3冠を獲得した。

「人間って、いろいろなことを経験することでものの見方、捉え方も変わりますよね。大学1年生のときに初めて神宮のマウンドに上がったときは、本当に視野が狭かったと思うんです。でも、2年生になってある程度大事な試合を任されるようになると、視野が広がってきて、〝あぁ、こんなに広い球場だったのか〟とか、〝フェンスはこんなに高かったんだな〟って。周囲を見渡せる余裕が出てくるんです。1年生の頃と2年生とでは、マウンドからの景色がまったく違って見えました」

自分の率直な思いをシンプルな言葉で過不足なく伝えることができる。それもまた石川の魅力だった。

「神宮球場にはたくさんの思い出があります。東都大学リーグの場合、入れ替え戦があるから、本当に1つのフォアボール、1つのエラー、1つのミスで結果がガラリと変わってしまうんです。1球に懸ける思いというのは、もちろん東京六大学も、プロも変わりはないとは思うけど、東都の緊張感は並大抵のものではなかったです」

彼の2年次となる99年、青山学院大学は圧倒的な強さを誇った。その中心にいたのが石川だった。

6月19日、神宮球場で行われたのは「第48回全日本大学野球選手権大会決勝戦」だ。決勝に勝ち進んだのは2年生エース・石川を擁する青山学院大学。そして、3年生エース・鎌田が控える早稲田大学だった。前述したように、石川と鎌田は、秋田市立下新城小学校、秋田北中学のチームメイトであり、石川にとっては常にその背中を追いかけてきた尊敬すべき先輩である。この試合で石川は見事なピッチングを披露する。9回を一人で投げ切り、2失点完投で、チームを優勝に導いた。この大会では、実に4試合に登板して3完投を記録している。

この日の試合後、石川はこんな言葉を残している。

「早稲田の先発が鎌田さんだと聞いて、〝絶対に勝つぞ〟という思いが強くなりました。ずっと憧れの先輩でしたが、ようやく追いつけた気がします」

これが20世紀後半から21世紀初頭にかけての話である。そこから石川は四半世紀もの間、神宮球場のマウンドに立ち続けているのだ。

そして、この球場と石川の物語は、舞台をプロに移してさらに続く。

延長18回235球を投げ抜いた試合

ルーキー・石川雅規のプロ初登板は02年4月4日の広島戦となった。

この日、石川は「プロ初登板、初先発、初勝利」を、学生時代から慣れ親しんだ神宮球場で達成している。

「プロ初登板のことはよく覚えています。オープン戦の終わり頃にこの日の先発を告げられたんですけど、その日からずっと緊張しながらデビュー戦を迎えました。広島戦は開幕2カード目だったので、他のピッチャーが次々と登板していく中で、〝早く自分も投げたい〟と、気持ちが高ぶっていました。試合開始早々の1回表、前田智徳さんからプロ初三振を奪いました。タイミングをずらすシンカーだったんですけど、あの前田さんから最初の三振を奪ったことがものすごく印象深いです」

この日、石川は4対0と4点リードの7回途中でマウンドを降りた。そして、そのままチームは勝利した。この日の出来事は鮮明に覚えている。

「初回が終わった後のことをよく覚えています。きちんとストライクが投げられたこと、アウトを取ることができたこと、それが一つの自信になりました。でも、試合中はイニングが終わるたびに、神宮のベンチ裏でゲー、ゲーしていました。吐くわけじゃないんです。えずくといった感じです。胃がギューッと締めつけられるようになって、つい〝ウェッ〟となってしまう。あの感じは、プロ3年目ぐらいまでは続きましたね」

そんな石川に「神宮球場での登板で、思い出に残っている試合は?」と尋ねた。

プロ初登板、初勝利、初完投、初完封はいずれも神宮球場だった。初めてオールスターゲームに出場したのも、15年、自身初となる優勝では、大勢のファンが見守る中、チームメイトたちと一緒に歓喜のビールかけをした。この年の日本シリーズで悔しい敗戦を喫したのも神宮球場だった。「石川はどの試合を挙げるのだろう?」と待っていると、彼はプロではなく、大学時代の試合を口にした。

「思い出の試合は、実はプロではなくて、大学時代なんです。明治神宮大会で延長18回を投げ抜いた試合があるんですけど、あれは忘れられないですね」

大学2年の秋、99年11月13日に行われた明治神宮大会・創価大学戦において、石川は延長18回235球を投げ抜いた。試合時間は4時間3分、試合終了は21時だった。両校の対決は決着が着かず、1対1の引き分けで、決着は翌日の再試合に持ち越された。

「あのとき、〝絶対に相手ピッチャーよりも先にマウンドを降りないぞ〟という強い覚悟でマウンドに上がりました。9イニング目以降はもちろん疲れも出てきたけど、あの日は気合と根性で投げ抜きました。正直、後半はフラフラしていました。でも、河原井正雄監督も僕のことを信じてくれて、最後まで代えずに投げさせてくれた。それを意気に感じたからあのピッチングができた。今でも忘れられない試合です」

前述したように、24年シーズン終了時点で、石川が神宮球場で積み上げた白星は91。これは昭和の大エース・松岡弘と同数である。

この石川へのインタビューの直前、別件の取材で松岡に会った。本題が終わり、「神宮最多勝」について話題を投げかけると、松岡は白い歯をこぼした。

「石川、まったく何をやっているんだよ。早くオレの記録を抜けよ！」

かつて、松岡が二軍ピッチングコーチだった頃、まだ入団したばかりの石川の指導をしたことがある。当時の石川の印象を振り返ってもらった。

「入団したときから人一倍負けず嫌いで、人一倍練習をしていたけど、まさか、石川があんな大投手になるとは思わなかったよ。オレの記録なんかさっさと抜いて、早く単独1位になってほしい。今度彼に会ったら、そう伝えておいてよ」

松岡の言葉を、そのまま石川に告げた。

「松岡さんの言葉、すごくありがたいです。でも、なかなか一つ勝つのが、今は本当に難しいですね……」

先に紹介したNPBの公式ホームページを見ると、松岡は76年に年間11勝、73年に10勝、石川は15年に年間9勝を神宮球場でマークしている。その石川ですら、「なかなか一つ勝つのが難しい」のが現在の姿なのである。

「僕の中で、《松岡さん＝元気な人》っていうイメージなんです。僕が若い頃、いつも〝マサ、元気か？〟って優しく声をかけてくれる人でした。その松岡さんにいい報告ができるように、絶対に松岡さんの記録を更新したいです」

「小さな大投手」と称される石川は25年シーズンの現役続行も決まった。神宮球場99周年となるこの年、球界最年長が神宮球場最多勝利投手に躍り出る。

その日を松岡は待ちわびている。

もちろん私も、この目でそれを見届けるつもりだ。

ブンブン丸・池山隆寛に会いに行く

また別のある日、再び埼玉・戸田に出向いた。ファームの試合が終わったばかりの池山隆寛二軍監督に話を聞くためだった。選手寮に戻り、まだユニフォームを着たままの状態でインタビューは始まった。

「えっ、僕が神宮でいちばんホームランを打っているの？　僕の場合、ヤクルトだけで19年間プレーしましたからね。でも、そろそろ抜かされるんじゃないですか？」

取材意図を告げると、池山は言った。自身が神宮最多本塁打記録を持っていることは知らなかったという。

後に神宮球場のバックスクリーンにホームランを連発し、「バックスクリーン男」と称されることになる池山が、初めて神宮球場でプレーしたのは彼が中学1年の頃だったという。

「中学1年のときに尼崎北リトルで関西代表となって、全国大会でも優勝して、そのときに神宮球場でも試合をしたんです。まだ天然芝の頃でしたね。プロになって神宮に戻ってきたときに、〝あっ、人工芝になったんや〟って思いましたから」

83年ドラフト2位でヤクルト入りした池山は、「大型ショート」として、早くから嘱望されていたが、その才能が花開くのは87年に就任した関根潤三監督の下でだ。

「関根監督には本当にのびのびとやらせてもらいました。見逃し三振をすると〝空振りしてこい〟って怒られるんです。三振をして下を向いていても怒られた。関根さんには、〝イケ、下を向くな！〟って、いつも言われていました」

関根監督就任後、広沢克己とともに「イケトラコンビ」として注目を集めた。

当時高校生になっていた私は、池山の目の覚めるようなホームランに魅了された。関根監督最終年となる89年は、池山、広沢、そして外国人助っ人のラリー・パリッシュはいずれも100個以上もの三振を喫した。

手元の記録を調べてみると、この年の池山はリーグトップとなる141個、広沢は125個、そしてパリッシュは129の三振を記録している。主軸3人で395個の三振だ！

このとき私は浪人生活を過ごしながら神宮球場に通っていた。チームは4位に終わったけれど、それでも彼らの一発を見ているだけで気分が晴れた。三振を喫しても、「いいよ、いいよ、その調子」と、勝敗を度外視して楽しんでいた。いや、勝敗を気にしていたらストレスが溜まるだけだったから、知らず知らずのうちに自己防衛本能が働いていたのだろう。池山もまた、確かに三振は多かったけれど、「三振か、一発か」という豪快なプレーぶりは爽快だった。

池山のホームラン、そして三振に私は勇気をもらっていたのだ。

「関根さんの前は、土橋（正幸）さんが監督で、広沢さんがいつも怒られ役で、僕はずいぶん助けられた。僕にとって、広沢さん、関根さんがいたことがすごく大きかった。それで、僕は育つことができた。一時期、なぜだかセンターバックスクリーンに集中的にホームランが出たことがあって、それでみんなから《ミスター・バックスクリーン》って呼んでもらうようになった。あれは、真ん中からアウトコース寄りのボールがほとんどでした。練習の成果だったんやと思いますね」

池山の言葉は一つ一つが懐かしかった。僕にとって、土橋監督時代は中学生の頃で、関根監督は高校、浪人時代に当たる。あの当時の同級生の顔が浮かんでくるようだった。

――神宮球場で放った思い出の一発は？

そんな質問を投げかけると、「いろいろあり過ぎて1本に絞り切れない」と言われた。そこで私は、どうしても池山に伝えたいことを切り出した。

神宮球場が最も熱く燃えた日

45年間に及ぶ神宮球場観戦において、個人的に「最も神宮球場が満員になった日」が02年10月17日に行われた「池山隆寛引退試合」だと思っている。詰めかけた観客は公称4万5000人と報じられている。もちろん、私もその中の1人だ。

あの日の神宮球場は異様な光景だった。

長年、この球場に通い続けているけれど、あの日ほど人でごった返していたことはなかった。コンコースはもちろん、スタンド通路にまで人があふれ、ビールの売り子も自由に行き来することができず、売店では弁当類も早々に売り切れていた。

あの日、神宮球場からビール売りの姿が消えた――。

そんな印象が、今でも強く残っている。

通路に座り込んだ人々を避け、ようやくたどり着いたライトスタンドの最後方。二重三重に折り重なる頭と頭の間から、わずかに広がるグラウンドに目をやる。私も含めて、彼ら、彼女らはみな、池山の最後の姿を目に焼きつけようと、固唾を呑んでいた。

あれだけ混んでいた神宮球場は、後にも先にもあの試合だけだった。

それ以前にも、その後にも、神宮での優勝決定試合や大物選手の引退試合を観戦したことはあった。しかし、池山の引退試合以上の混雑ぶり、そして熱気は経験したことがない。だから、実際の観客動員数とは別に「個人的最多動員試合」は間違いなく、池山の現役最終戦なのである。確信を持って言える。

「あの前日、青柳（進）の引退試合やったんです。あの日、〝あぁ、明日で自分も引退か……。一体、どれだけお客さんが来てくれるんかな?〟って思ったことを覚えています」

池山の言葉にあるように、その前日は青柳が現役最後の試合に出場した。千葉ロッテマリーンズから移籍した青柳の引退試合は、かなり空席が目立っていた。

「そして次の日、自宅から神宮球場に向かいました。この日はテレビ局のカメラが密着していて、僕の横にはテレビ局の人もいました。やがて、神宮球場が近づいてくる。球場周辺には、ものすごい行列ができていました……」

この言葉を聞いて、あの日の光景が鮮やかによみがえる。

あの日、試合開始数時間前から神宮球場は数えきれないほどの大群衆で埋め尽くされていた。会場待ちの列は二重、三重に折り重なって球場外周を取り囲んでいた。

「身体はもういっぱい、いっぱいで、全身が悲鳴を上げていました。でも、〝自分のために、こんなに多くの人が集まってくれているんだ〟ということが嬉しかった。足も全然動かなくて、どこまでできるかは不安だったけど、精一杯やろう。そんな思いでした」

この日、池山は全盛時と同じ「三番・ショート」でスタメン起用された。

久しぶりに池山が神宮のショートに就く。池山が右打席に入る。そのたびにスタンドからは悲鳴のような声援が飛んだ。

試合中から彼は泣いていた。そして、観客もまた泣いていた。

8回の第4打席で放った左中間を破るツーベース。一塁を回るときから右脚をひきずり、ようやくたどり着いたセカンドベース上で膝をさする姿。あるいは、延長10回表、広島・新井貴浩の打球を身を挺して好捕する姿。それは、脚が万全の状態なら、正面に回りこんで難なく捕れた当たりだった。こうした彼の最後の雄姿に、観客はますます胸を熱くする。

「新井のライナー、あれでふくらはぎが完全にダメになってしまいました。痛み止めの効果も切れてきて、もう本当に限界でした」

この日の見せ場は試合最終盤に訪れた。

広島の1点リードで迎えた延長10回裏。ランナーが一人出ればもう一度、池山に回る。一死後、飯田哲也はセーフティバントを試みると、気迫溢れるヘッドスライディングでファーストに生きた。続くバッターは稲葉篤紀だ。観客の誰もが思っていたはずだ。

(ゲッツーにはなるなよ。とにかく池山に回せ!)

そして、こうも思っていたはずだ。

(サヨナラホームランなんて打つなよ。とにかく池山に回せ!)

このとき、稲葉の選んだ策が、飯田に続くセーフティバントだった。ボールを転がしさえすれば、最低でも犠牲バントになる可能性は高い。必死になって一塁を目指す稲葉。彼もまたヘッドスライディングを試みる。セーフにはならなかったものの、何とか一塁に生きようとするその心意気は4万5000の観客の胸にしっかりと届いた。池山が振り返る。

「みんなの気持ちは痛いほどよく伝わりましたよ。〝いい後輩に恵まれたな、先輩でよかったな〟って思っていましたね（笑）」

こうして迎えた、池山の現役最終打席。球場の盛り上がりは最高潮を迎えていた。

一球目は空振り。続く二球目。もう右脚の踏ん張りが利かないのか、態勢を崩して倒れこむ渾身の空振りだった。

そして、最後の一球。堂々と直球を投じる広島・長谷川昌幸。同じく渾身の、そして豪快なスイングを繰り出す池山。三球勝負、スイング・アウト。通算1440個目の三振となった。

これは、世界の王貞治をも上回る記録だ。

かつての代名詞「ブンブン丸」。その名に恥じない見事なスイングだった。

石川雅規、池山隆寛が語る神宮球場

神宮球場で最も勝利を挙げている石川、そして最もホームランを打っている池山に話を聞いた。両者にそれぞれ、「神宮再開発」について尋ねた。

「その頃、僕は52歳？　まずは生きていたいですね（笑）」

開口一番、石川は言った。

「いや、〝生きているかどうか？〟よりも、もっと大切なのは〝現役でいるかどうか？〟じゃないですか？」

そう切り返すと、その口調が改まる。

「いや、そこは1年、1年の積み重ねですからね。もちろん、50代になっても現役でいたいし、新球場で投げてみたいけど、あまり先を見据えることなく、目の前の1年を見つめるというスタンスはこれからも変わらないです……」

そこまで言って、石川は白い歯をこぼした。

「……でも、本音を言えば新球場で投げたいですよ。もちろん、現役としてね。神宮球場の魅力って、都会のど真ん中で、屋外で野球が見られることだと思うんです。新しい球場も場所は移転したとしても、屋外球場の魅力はそのままにしてほしいし、緑の人工芝と青い座席も継承してほしいですね」

そして、石川は「ホーム球場って……」と続けた。

「……ホーム球場って言い方があるけど、まさに神宮球場は僕のホームです。だって、人生の半分以上をここで過ごしているんですから。大学時代から数えたら、この球場で何試合投げているのか、もう自分でもわかりません。だから、やっぱりここがホームなんです。ホーム――家――って、いちばん落ち着く場所ですよね。で、いちばん長く過ごす場所だからこそ、いいことも悪いことも経験する。僕も神宮では嬉しいことも、悔しいことも、しんどいことも、悲しいこともたくさん経験しましたから。でも、だからこそホームであり、家なんです。神宮球場は文字通り、僕にとってのホームなんです」

神宮球場はホーム――。

シンプルだけれど、大学時代から慣れ親しみ、現在では現役最年長の石川だからこその説得力のある言葉だった。

一方の池山はこんな言葉を残している。

「自分を育ててくれたのが、今の神宮球場です。たとえ取り壊されたとしても、自分の中では神宮球場は消えない。いつまでもきっちりと残っています。自分の引退試合の舞台となった神宮球場は一生消えません」

短いフレーズの中で、池山は何度も「神宮球場」と口にした。改めて、あの日の感動的な引退試合のことが頭をよぎった。

引退セレモニー中のことだ。

ファンに向けて最後のあいさつをしている途中、池山は感極まって言葉に詰まった。あちこちから、ファンのすすり泣く声が聞こえる。一瞬の静寂の中、ファンの一人が叫んだ。

「お前がいなくなると、寂しくなるんだよ！」

言葉遣いは乱暴ではあったが、それはこの日、神宮球場に詰めかけた4万5000人の心の声でもあった。彼は私たちの代弁者だった。

さらに、2032年に誕生予定の新球場について池山が言及する。

「新球場には夢と希望が詰まっています。新しい歴史、新しい時代がそこから始まる。何もかも未知の状態で、そこから新しいドラマが始まっていく。ぜひファンの人にも期待してほしいし、僕自身も期待しています。新球場ができるときは、僕は何歳？　えっ、67歳か……。こればっかりは縁だから、どうなるかはわからないけど、新球場にも何らかの形で携わっていけたらいいな」

たとえ取り壊されたとしても、神宮球場は消えない――。

新球場には夢と希望が詰まっている――。

神宮球場の夜空を彩る豪快な一発を量産したブンブン丸の言葉が胸に沁みる。

1978年10月9日、ヤクルト－広島の最終戦で投球するヤクルトの松岡弘投手（提供：朝日新聞社）。

2018年10月7日、阪神戦で先発する石川雅規投手（提供：朝日新聞社）。

2024年8月、戸田球場で試合後の池山隆寛2軍監督。

第五章 神宮球場で「応燕」する人々

「岡田のオヤジ、ありがとう！」

２００２（平成14）年10月17日――。

超満員の神宮球場で行われた引退試合終了後のセレモニーにおいて、池山隆寛はライトスタンド方向を見ながら、こう叫んだ。

「岡田のオヤジ、ありがとう！」

その瞬間、ライトスタンドからこの光景を見守っていた大観衆は「ウォーッ」という絶叫とともに、胸が締めつけられるような悲しみを覚えたはずだ。

池山が口にした「岡田のオヤジ」とは、ヤクルトスワローズ応援団・ツバメ軍団の名物団長である岡田正泰氏のことである。岡田団長はこの年の7月30日、71歳で亡くなっていた。今ではすっかり定着している傘を使った応援の発案者でもある。

私の手元には、岡田団長の死を報じる『日刊スポーツ』（02年7月31日付）がある。そこには「ヤクルトおじさん死去」と大見出しが打たれ、こんな文字が躍っている。

「国鉄」時代の昭和27年からスワローズ一筋

フライパン、ビニール傘振りかざし

東京音頭歌うスタイルを発案
19日の札幌同行、帰京後カゼひき悪化

さらに「池山絶句」と銘打たれ、「チーム現役最年長で19年目のベテラン池山が、岡田さんの訃報に絶句した。しばらく立ちつくしたまま微動だにしなかった」とある。

遠征したヤクルトナインを追って札幌に行き、帰京後に体調を崩してそのまま帰らぬ人となった。最期までヤクルトの応援に捧げた人生をまっとうした。池山は言う。

「優勝パーティーで何度かお会いして、直接お話をしました。本業は看板屋さんをやられていて、普段はどのような生活をしてヤクルトの応援をしているのかに密着したテレビ番組を見たこともあります。〝こういう方が僕らの応援をしてくれているんだな〟ということを知っていたので、岡田のオヤジに向けて、あの言葉を発しました。はい、初めから感謝の言葉を述べるつもりで準備していました」

池山はさらに、「ヤクルト名物・傘応援」について言及する。

「ヤクルトはあまり人気がなかったので、いつも神宮球場ライトスタンドはガラガラだった。だから、少しでもお客さんがいるように見せるために、雨も降っていないのに傘を振って空席を見えなくしたと聞きました。それが今ではすっかり名物になった。『東京音頭』と傘の応援はヤクルトだけのもの。岡田のオヤジがヤクルトファンを増やしてくれたんだと思います。今、我々が満員のファンの前で試合ができているのは、ガラガラの時代から応援してくれたあの人のおかげだと思うんですよね」

球団を代表するスタープレイヤーから、ここまで賞賛の言葉をかけられる応援団長がいるだろうか？　やはり岡田団長は偉大なのである。

もちろん私も、小さい頃から彼のリードに合わせて応援をしていた。漫画『がんばれ!!タブチくん!!』に描かれているようにフライパンを手に持ち、熱狂的に応援する岡田のオヤジがライトスタンドに登場したときの観客席の盛り上がり方はすごかった。

内野席で見ていても、試合途中に急にライトスタンドから歓声が上がることは日常茶飯事だった。そのたびに、「あっ、岡田さん、今、到着したんだな」と思ったものだった。

池山の言葉にあるように、岡田団長は自ら経営する看板店での本業を終えてから神宮に駆けつけるため、どうしても試合開始に間に合わず、試合中盤、あるいは後半にやってくることもしばしばあった。

私が物心ついた頃から、三十路にさしかかったあの頃、神宮球場にはいつも岡田団長の姿があった。いまだに彼を慕う者は多い。

あれだけヤクルトを愛した人はいない。

あれだけ神宮球場のライトスタンドが似合う人はいない。

時代は変わり、人は変わっても、「岡田イズム」は今でもツバメ軍団に受け継がれているのだと信じたい。詰めかけたファンによる『東京音頭』の大合唱と、LED照明にキラキラ反射している色とりどりの傘を見ながら、ふとそんなことを思った。

（あぁ、もう一度、岡田団長に会いたい……）

ある夏の日、私はそんな郷愁に駆られていた――。

元ツバメ軍団が語る「岡田のオヤジ」

「当時、私の勤務先が井の頭線の渋谷駅の下にあったんです。旅行会社のカウンターで働いていました。ある日、突然誰かが、〝お前、そんなところにいたのか！〟と、私の上司に向かって叫んでいる。それが岡田のオヤジでした。上司は大のヤクルトファンだったので、岡田さんと知り合いだったそうです。僕は、〝一体、なんなんだこのオジサン？〟っていうもんですよ。岡田さんはなおも、〝なんだ、お前の事務所はここなのか！〟って続けている。私も岡田さんのことは知っていたから、〝僕も神宮にはよく行っているんです。今度行ったときには、僕も一緒に応援させてください〟って言ったら、〝いいんだよ、お前なんか来なくても〟って言われたのが最初の会話（笑）」

広岡達朗監督の下で、チーム創設29年目となる1978（昭和53）年、ヤクルトは初のリーグ制覇、そして日本一に輝く。この年、加藤則由さんはツバメ軍団入りしたという。

加藤氏と出会ったのは、ふとしたことがきっかけだった。

ある日、Twitter（現・X）を見ていて、興味深いアカウントを見つけた。

一般社団法人20世紀応援団アーカイブ――。

そして、そこには岡田団長が描いたと思われる、「今日は勝タイ」という文字と、魚の鯛が「ガンバレ」と口にしている横断幕の写真が添付されていた。

興味を抱き、すぐにコンタクトを取ってみる。発起人であり代表理事を務めるのは、自身も、そしてその父もツバメ軍団に所属し、岡田団長とも公私にわたって親交があったという小菅晃樹氏だった。

真夏の暑い日、彼の自宅に行き、岡田団長が手にしていたフライパンや、彼が描いた横断幕の数々を見せてもらった。そのままでは散逸してしまうかもしれないこうした貴重な「応援アイテム」をきちんと後世に伝えるべく、この団体は誕生した。そして今後は、ヤクルト以外の他球団の分もきちんと収集、保存する構想を持っているという。

このとき、岡田団長が愛用していたフライパンを見せてもらった。家庭用の小型フライパンの内面は黄色に塗装され、赤いペンキで「必勝」と書かれている。木製のすりこぎやへらでこれを叩いて、岡田団長はファンをリードしていたのだ。驚いたのはフライパン底面に亀裂が生じていて、それを青いテープで補修していたことである。

（フライパンに穴が開くほどの熱烈な応援をしていたのか……）

それから数日後、同団体の事務所で、小菅氏の他に、冒頭のコメントを残してくれた加藤氏、さらに理事を務める小林一郎氏に集まってもらった。

この団体を設立するに至った思いを小菅氏が解説する。

「私の父は初優勝の頃から岡田のオヤジと一緒に応援団をやっていました。で、当然の流れという感じで、高校生になったときに私もツバメ軍団に入りました。つまり親子二代で岡田のオヤジにはお世話になりました。だから、応援道具はずっと我が家にありました。でも、こうした物は興味のない人にとっては単なるガラクタでしかない。うちの父はすでに亡くなってしまいましたけど、遺族の方がこうしたものに興味がないと、十中八九捨てられてしまいます。でも、それはちょっと忍びないなというところからスタートしました」

そこで、こうした応援団グッズを引き受ける社団法人を立ち上げた。こうした小菅氏の思いに賛同したのが、岡田団長とともにツバメ軍団の一員だった小林、加藤両氏だった。

――生前の岡田さんは、どんな方でしたか？

そんな質問に対して、小菅氏は白い歯をこぼしながら言った。

「基本的に変なおじさんなんですよ（笑）。ただ、〝変なおじさんなのに……〟っていう枕詞が必要な人なんです。例えば、〝変なおじさんなのに意外と優しい〟とか、〝変なおじさんなのに一本芯が通って熱い〟みたいな、そのギャップが魅力だと思うんです。江戸っ子なので言葉は悪いし、決して聖人君子ではなかった。でも、決して選手の個人攻撃はしなかった。その辺はきちんとわきまえていましたね」

55年生まれ、もうすぐ70歳となる小林氏が続く。

「とにかくみんなで楽しもうよ。それが岡田のオヤジのスタイルでした。だから、決して独りよがりじゃない。そして、ユーモア精神にあふれる人だった。例えば、9回裏0対10で負けているとするでしょ。〝絶対に逆転なんかするわけねぇじゃねぇか〟っていう展開があるじゃないですか。そのときに岡田のオヤジは自虐的なことを言うわけです。〝誰でもいいから白いシャツを着てるやつ脱げ〟って。そしてその白いTシャツを旗竿につけて、〝白旗だ、もう勘弁してくれ〟って（笑）。今だったら顰蹙を買うのかもしれないけど、どんなに大敗であっても笑いに変えて、〝とにかく明日に繋がる1点を取ろう〟〝せっかく球場に来てくれたファンを楽しませよう〟とするユーモア精神がありましたよね」

岡田のオヤジがもたらしたもの

一般社団法人20世紀応援団アーカイブを立ち上げた小菅氏は84年生まれで取材時点ではまだ30代だった。物心ついた頃から、ヤクルトが、そして岡田のオヤジが身近にあった。

「本当に、〝教育とは洗脳だな〟と思っているんですけど、僕の場合、父がそもそもツバメ軍団でしたから、東京音頭が子守唄みたいなもんでした。毎年1月3日に岡田のオヤジの家で新年会があったんです。僕は2歳とか、3歳の頃からずっと親に連れられて行っていました。そのときに首から、《お年玉入れ》と書かれた箱をぶら下げて団員のところ練り歩くだけで小遣いが貯まる。そんなことをやっていました。もう、岡田のオヤジとか応援団が日常に当たり前にあった。だから当然、ヤクルトが好きになりました。当時は、義務教育が終わるまでは応援団にはなれないという風潮があったので、高校生になって赤シャツを着ました。これもまた当然の成りゆきでした（笑）」

彼が語る「赤シャツ」とは、ツバメ軍団の一員である証の「ユニフォーム」である。

「うちの父もよく言っていたんですけど、僕たち親子はヤクルトの応援団である以前に〝岡田正泰の応援団だ〟という意識が強くあって、〝岡田のオヤジと一緒に応援するから楽しいんだ〟というのがかなりあったんですよ。だから、オヤジが亡くなってからは、自然と神宮から足が遠のくようになってしまいました……」

「ヤクルトの応援団」でありながら、「岡田正泰の応援団」でもあった。それほど、岡田団長は近くにいた人を魅了する何かを持っていたということなのだろう。

岡田団長が亡くなって、すでに四半世紀が経とうとしている。彼が野球界に、そしてヤクルトにもたらしたものは何だったのか？

この質問に対して、口火を切ったのは小菅氏だった。

「岡田のオヤジが、何かを〝もたらした〟というよりも、〝作った〟と言うのが相応しいと思います。野球の応援の礎、基本、今に続く土台となるものを作り上げたんです。例えば、みんなでリズムを合わせて同じことをやるとか、何も特別なものではなく、フライパンとすりこぎとか、普通のこうもり傘とか、家にあるものを使って応援するとか……。一方で、今では失われてしまった、みんなを笑わせる部分もあった。独自のスタイルを大切にしていましたよね」

加藤氏が続く。

「当時は、応援団で看板なんて持ってる人いなかったからね。T型の看板の表には《ワッショイ》って書いてあって、くるっと裏返すと、そこには《ワー》って書いてある。最初はみんなで、〝ワッショイ、ワッショイ〟って盛り上げておいて、投球の瞬間にくるっとひっくり返して、〝ワーッ〟て叫んで、相手投手にプレッシャーを与える。工事現場にある赤いパイロンを手に入れてきて、先の部分を切り落としてメガホン代わりにしたこともあったよね（笑）。小道具のセンスはめちゃくちゃよかった」

この発言を受けて、小林氏も笑顔になる。

「そのパイロンメガホンに取っ手までつけて、持ち運びできるようにしていたからな。ホントにいろいろ考えるよな（笑）」

そして、ヤクルト応援名物の傘に話題が及ぶ。ここにいる3人とも、「いつ始めたのかは定かじゃない」と語る。

「始まりは定かじゃないけど、おそらく雨の日に客が少ない状況下で、子どもが傘を持っていたから、〝お前、それを振れ〟って思いつきでやらせたのが最初だったんじゃないかな？　で、〝空席だらけだから、ちょっとでも人がいるように見せろ〟とか言ってさ」（小林）

「おそらく、東京音頭のノリと同じだと思うのよ。たまたま点が入って嬉しくて東京音頭を歌いながら踊ったら、それが定着した。要は、〝これをやろう〟と思ってやったわけじゃないのよ、絶対に。たまたまそのときにお客さんが傘を持ってたから、〝お前、振れよ、振れよ〟っていう感じ。当然、雨の日だから他の人も傘を持ってる。で、〝みんなで一緒に振ろう〟ってなった。そんなところだと思うよ」（加藤）

「初めは自宅にあるこうもり傘から始まったけど、ある時期からグッズとして販売されるようになりましたよね。でも、それは岡田のオヤジの本質から離れちゃったわけじゃないですか。そもそも誰でも持ってて、お金もかからないっていうところからスタートしたのに……。《お金をかけない自宅にある普通の傘》と《お金を払って手に入れる応援用の傘》とでは、形は同じでも、本質は全然違うものになってしまったと思いますね」（小菅）

元ツバメ軍団が思う「神宮球場再開発」

55年生まれの小林氏、57年生まれの加藤氏、そして84年生まれの小菅氏。かつて、毎日のように通っていた神宮球場に再開発計画が持ち上がっている。彼らはこの計画をどのように捉えているのか？　加藤氏が切り出した。

「再開発ね……。いろんな事情があるんだろうけど、昔を知っている人間とすれば、〝今のままの方がいいんじゃないかな〟とは思うよね、がっかりだよね。木がなくなるんでしょ、だいぶ。伐採しちゃうんでしょ？　今度、新しくできる球場がどんな形になるのかはわかんないけどね、思い出はいっぱいあるよね。誰しも、あそこには……」

小林氏が続ける。

「時代の流れもあるだろうし、実際に老朽化もしているんだろうし、〝しょうがねぇよな〟という思いもある。だけど、〝リフォームとか補強工事とかで、今のまま存続させてほしいな〟という思い入れもやっぱりいまだに残るんですよね。ただね、やっぱり、〝しょうがねぇ〟って言われたら、〝しょうがねぇのかな〟って……」

社団法人を立ち上げた小菅氏も続く。

「神宮はいい球場だと思いますよ、本当に。横浜スタジアムと比べると、観客席の傾斜がなだらかじゃないですか。僕はあれがすごい好きなんです。で、屋外なのがまたいいですよね。やっぱり野球場は空の下でやってほしいから。再開発については、単にノスタルジーだけで〝賛成だ、反対だ〟というつもりはありません……」

次第に小菅氏の口調に熱が帯びる。

「……でも、基本的にこの国のいわゆる再開発というのは、原宿駅の駅舎に代表されるように、〝先人へのリスペクトが足りていないな〟と思うことは多々あります。だから、再開発をするとしても、きちんとその魂を継いでほしい。神宮だって、完成してから100年になるんだから、それはもうボロボロでしょう。既存のものを生かしながら作り直すより、ぶっ壊して新しいものを作った方が安いということは一般家屋でもよくあることですから、理屈はよくわかります。だから結局のところ、そこには魂がほしい。単なるいわゆる《箱物行政》と一緒の感覚でやられたらやっぱりイヤですから」

再開発が必要な理由はわかる。けれども、感情的には「かつての姿を残してほしい」という思いが、旧ツバメ軍団のメンバーの中には根強くある。

岡田団長が亡くなった後、団員の中から「神宮球場ライトスタンドに散骨しよう」という声が上がったという。実際にそれが実現したのかどうかはここでは触れない。しかし、確実に言えることは、「岡田のオヤジと神宮球場」は切っても切り離せない関係にあるということだ。

「GO、GO、スワローズ！」の掛け声とともに

私にとって、神宮球場での応援は「岡田以前、岡田以後」に分けられる。ちょうど私が30歳を迎えた頃のことであり、それはすなわち、「20世紀と21世紀」とほぼ同じくしている。

岡田団長が亡くなった後も、もちろん現役応援団が日々、熱心な応援リードを展開しているが、ちょうどこの頃から、私自身の観戦スタイルが変わった。ライトスタンドではなく、内野スタンドで観戦することが多くなったのだ。プロ野球取材が増えたことで、至近距離から俯瞰で観戦したい。声をからして声援を送るのではなく、配球や作戦、用兵を考えながらじっくりと見たい。そんな思いから、応援団から離れた席で見るようになった。

だから、今の応援団がどのようなスタイルで応援を繰り広げているのかはきちんと理解していない。代わって、それからの私にとって「神宮球場での応援」の象徴となるのがスタジアムDJのパトリック・ユウだ。日本語はもちろん、流暢な英語を駆使して球場全体を盛り上げる彼が発する、「GO、GO、スワローズ！」の掛け声は神宮名物である。

彼がいつから神宮球場のスタジアムDJとなったのか、記憶は定かではない。今となっては「気づいたらいた」としか思えないほどの存在である。

令和期の現在では「応援」や「声援」ではなく、「応燕」「声燕」と称されることも多くなった。私にとって、「応燕」のシンボル的存在が彼である。今では神宮球場になくてはならない無二の存在となった。ファンは親しみを込めて「パトさん」と呼んでいる。

自由奔放な球団マスコットのつば九郎を御すことができるのはパトさんだけだ。「空中くるりんぱ」「つばみちゃんと遊ぼう！」など、パトさんとマスコットたちとのやり取りは、神宮球場の新たな名物にもなっている。

プロフィールを見ると、68年2月13日生まれとある。

パトさんとは一体、どのような人物なのか？

試合開始3時間前の神宮球場で待ち合わせ、彼の話をじっくり聞く機会をもらった。

「私は2003年ぐらいから、秩父宮ラグビー場でラグビーのアナウンスをやらせていただいていました。ちょうどこの年にトップリーグが旗揚げして、国立競技場とか秩父宮ラグビー場でアナウンスさせていただいていたんです。その一方では、普段から普通に野球を見に行っていましたので、ずっと〝神宮球場でスタジアムDJもやりたいな、やりたいな、やりたいな〟と思っていたんです」

当初は単なる「願望」だった。しかし、思いの強さが現実を動かした。

「初めは単なる《思い》だけだったんですけれど、いろんな人に〝やりたい、やりたい、やりたい〟って言っていたんです。そうしたら、たまたま古田敦也さんがプレイングマネージャーを終了するタイミングで、〝来シーズンの神宮球場では、誰か男のスタジアムDJを入れたい〟という方針になったそうです。そんなときに、〝そういえば、神宮でやりたい〟って言っているヤツがいたよなと。それがスワローズの演出進行をやっていた制作会社だったんです」

08年早々、パトさんが40歳になる直前のことだった。

そして、08年からすでに17シーズンが経過した。

パトさんの40代、そして50代は雨の日も、風の日も、チームが強いときも、そうでないときも、神宮球場に立ち続け、今ではすっかり「神宮の顔」として定着したのである。

天才パートナー・つば九郎とともに

「試合開始2時間前、試合が18時スタートだとしたら16時から進行打ち合わせがあります。その後は自由な時間なんですけれども、この間に食事をしたり、その日の進行の中で自分自身が準備しないといけない、事前に情報を収集したりする時間に充てたりして、そして17時30分ぐらいからしゃべりだします」

試合開始30分前、パトさんは客前に現れる。そして、試合前の名物コーナー、つば九郎による「きょうのひとこと」が始まる。まずは「応援パートナーとしてのつば九郎とはどんな存在ですか?」と質問を投げかけると、パトさんは短く言った。

「つば九郎は天才ですよ」

12球団屈指の人気マスコットであるつば九郎は、その愛らしいルックスとは裏腹に、スケッチブックに当意即妙のギリギリな回答を連発する「フリップ芸」がウリでもある。

「試合前の『きょうのひとこと』で、つば九郎が答える内容はブラックなものも多いんです(笑)。けれども、決して炎上しないような、絶妙な言葉のセンスがあります。そして、相手チームも含めて、選手の誕生日をきちんとネタにして、ファンの人たちを楽しませるためにすごく努力しています。当日まで、何が飛び出すかわからないから、こちらも常に緊張しています。

だから『きょうのひとこと』が終わったら、〝仕事は半分終わった〟というような安堵感がありますね（笑）」

神宮球場で見ていて、気がついたことがある。選手との距離が近いつば九郎は、選手のことを「○○くん」と親しく呼んでいて、手持ちのスケッチブックにもそのように書いている。しかしパトさんは、それをそのまま読み上げることはせず、必ず「○○選手」と発している。この気遣いこそ、パトさんの真骨頂である。

「そうですね。その辺りは気をつけています。理由ですか？　選手と親交のあるつば九郎が君付けで呼ぶのは当然だけど、私がそのまま口にするのは馴れ馴れしいじゃないですか。その辺りはあえて一線を引きたいと考えています」

さらに心がけているのが「ネガティブな言葉を使わない」ということである。

「言葉選びには細心の注意を払っています。自分の中では〝ネガティブな言葉は絶対に球場には必要ではない〟と思っています。例えば、〝昨日は負けましたが……〟という言葉は絶対に使いたくないので、そういうときには〝勝利まであと一歩でしたが……〟と言うようにしています。そういう言葉はいくつもありますね」

パトさんがアナウンスをしているのは、神宮球場一塁側・ライト側、内野席と外野席のちょうど中間地点にある「ブリッジ」と呼ばれる場所だ。試合中、彼はいつもこのブリッジでファンとともに「声燕」を送っている。そこに屋根はない。天気の悪い日には、観客たち同様、雨に打たれながらの「観戦」となる。

「雨のときは、応援用の小さい傘でしのいでいます（笑）。でも、みなさんも経験があるかもしれないですけど、一度濡れてしまうと、さらにテンションが上がって応援できるみたいなこともありますよね。自分自身も雨の中にいることで、ファンのみんなと同じ気持ちで応援できるので、アナウンスもいつもとはちょっと違った感じで、激しいアナウンスになることが多いですよね」

パトさんの言うように、雨の日の観戦は少々億劫ではあるけれど、ひとたび濡れてしまえば、「もうどうにでもなれ」と腹を括って、普段よりもテンションが高くなる経験は、誰にでもあるはずだ。もちろん、私にもある。

現球場のラスト、新球場のスタートを見届ける

神宮球場が職場となってかなりの時間が経過した。改めて、パトさんの「神宮球場に対する思い」を訪ねると、その口調がしみじみとしたものになった。

「私はいつも歩いて球場に行くんですけど、やっぱり神宮球場が近づいてくると、今でもちょ

っとワクワクするんですよね。もう17年間もそんな生活を送っているのに、いつもそんな気持ちになるんですね。〝おぉ、神宮見えてきた〟みたいな。〝よーし、今日も頑張ろうか〟みたいな。球場正面に到着するとキュッと気持ちが締まるんです。私、生まれがこの近くの千駄ヶ谷で、子どものときから国立競技場とか、神宮外苑の外周で自転車乗ったり、遊んだりしていました。だから、自分自身の子どもの頃を振り返るきっかけとなったり、大人になってからは気持ちを引き締めてくれたり……。神宮球場というのは、私にとってそんな思い入れのあるところなんです」

現在進められている再開発についてはどのように考えているのだろう。

「正直言うと、新しくすることについては賛成です。神宮球場のこの雰囲気をそのまま残しながら、阪神甲子園球場のように作り変える。もしも可能ならば、そういう方法もいいかなと思うことはありましたけど、現実的にはちょっと難しいと思います。オペレーションルームからグラウンドに降りていくときに、バックネット裏を移動します。あちらこちら、〝建物として、もう限界だな〟ということをすごく感じます。ものすごく狭いバックヤードはグラウンド整備の道具であふれかえっています。スタンドも滑りやすいので、階段で滑る人たちもいて、怪我をされている人たちも、もう何度も見ました。こうした部分はすごく気になるところではありますよね」

パトさんがヤクルトのスタジアムDJとなって、20年になろうとしている。自身の還暦も目前に控えている。「今後の夢は?」と尋ねた。

「声が出る限り、ずっと神宮球場でアナウンスを続けたいんです。ニューヨークのヤンキーススタジアムでアナウンスをされていたシェパードさんの記録を塗り替えたい。そんな野望もあります。声が出る限り、スタジアムDJは続けたいですね」

ヤンキースナインの選手紹介を務めていたボブ・シェパードは、1951年から2007年までの56年間、およそ4500試合以上もヤンキースタジアムでアナウンスを続けた。私も何度もヤンキース戦を現地観戦した。無意識のうちにシェパード氏のアナウンスを聞いていたのである。彼がリタイアしたのは97歳のときのことだ!

これからもパトさんが神宮球場のスタジアムDJであり続けるとすれば、当然、現球場のラスト、そして新球場のスタートを担当することになる。パトさんは力強く言う。

「100年に一度のビッグプロジェクトですから、もし新球場が誕生するのだとしたら、自分だけではなく、みなさんとしっかり考えながら、今の球場のクロージング、そして新球場のオープニングはいろいろと取り組みたいですね。未来に対してはウェルカムという感じです。ここからまた新しい時代が始まるわけですから」

一つの時代が終わり、一つの時代が始まる。

それでも、いつの時代も、どんなときでも、神宮球場が生涯の職場であるパトリック・ユウは、いつもと変わらぬ佇まいで、今日もグラウンドに立つ――。

父はプロ野球選手、娘は神宮球場ウグイス嬢

「神宮球場と声」と言えば、ウグイス嬢の存在も忘れてはいけない。現在、神宮球場のウグイス嬢は4人いるという。

その中の一人、水谷麻美さんに会いたいと思った。なぜなら、彼女の父親はヤクルトひと筋の現役時代を過ごした水谷新太郎だからだ。以前、別件取材で水谷にインタビューをした。ひと通り話を聞いた後の雑談で、彼は言った。

「今は娘も神宮球場でお世話になっています。親子二代にわたって、あの球場が職場なんですよ（笑）」

その言葉の意味がわからず、詳しく聞くと「娘がウグイス嬢なんです。かなり以前からやっているので、意外と長いんですよ」と教えてくれた。

（ひょっとしたら……）

水谷の話を聞いて、ふとひらめくものがあった。すぐに自宅に戻って、書庫を漁った。しば

らくして、ようやく目的のものを見つけた。私が見つけたのは『YAKULT　FAN　BOOK』（株式会社ヤクルト球団）の85年、86年版である。

85年版の「おとうさんがんばって」のコーナーでは水谷夫人と、当時3歳の長男の写真が掲載されており、夫、父へのエールが添えられている。その写真をよく見ると、水谷夫人はマタニティドレスらしい、ゆったりとした服を着ている。

そして86年版の「BIRTH　二世誕生！」のコーナーでは歩行器に入った赤ちゃんの写真が掲載されていて、そこには「水谷選手の麻美ちゃん」とある。

間違いなく、この赤ちゃんが現在、神宮球場でウグイス嬢として活動している水谷麻美さんなのだろう。そこでヤクルト球団経由でオファーをすると、取材を快諾してくれた。パトさん同様、彼女もまた試合開始3時間前に、神宮球場近くで話を聞くことになった。

まずは持参した『FAN　BOOK』の該当ページを見てもらった。

「わぁ、懐かしい。そんなものが残っているんですね。お恥ずかしいです。間違いなく私です（笑）」

85年3月15日、麻美さんは生まれた。父・新太郎は90年シーズンを最後に引退している。父の現役時代の雄姿は「まったく記憶にない」と語り、「物心ついたときにはすでにコーチだった」と振り返る。

「父がコーチをしていた頃にはすでに野球に興味を持っていました。まだ小学生の頃でしたけど、ファン感謝デーにはよく遊びに行きましたし、西武と戦った日本シリーズを見に行った記憶があります」

ヤクルトと西武が激突したのは92年、そして93年のことである。92年は西武が、翌93年はヤクルトがそれぞれ4勝3敗で日本一に輝いている。

当時、大学生だった私は、もちろん2年間全14試合を神宮球場、当時の西武球場で観戦した。そのときの感動がずっと忘れられず、それから約30年が経過した後、『詰むや、詰まざるや　森・西武VS野村・ヤクルトの2年間』（インプレス）という本を出版し、その後、大幅に加筆して『完全版』を双葉文庫から出版した。

この本では、西武・森祇晶、ヤクルト・野村克也を筆頭に、両チームの選手、関係者50人以上に話を聞いた。もちろん、水谷新太郎にも話を聞いている。

（そうか、小学生だった麻美さんも、あのとき神宮球場にいたのか……）

こうして、彼女への取材は始まった。

「私はずっとヤクルトファンなんです」

「父の影響もありましたけど、私自身はずっとヤクルトファンなので、中学、高校時代にも頻繁に神宮には通っていました。特定の選手を推しているわけではなく、チーム全体が好きだったんです。もちろん、今でもヤクルトファンです」

高校卒業後、アルバイト生活を経て声優の養成所に通った。アニメ好きだった麻美さんは「声で生きていくこと」を志したのだ。

「高校卒業後もずっと神宮球場には通っていて、この頃は青木（宣親）さんがブレイクしていました。青木さんがシーズン200安打を放った試合も観戦しました」

そんなある日、父・新太郎から「ファームの試合はアルバイトの学生たちが場内アナウンスをしているよ」と聞き、その業務を請け負っていた会社の担当者にあいさつする機会を得た。当時の日本総業株式会社、現在のヒトトヒト株式会社である。声優志望の一方、球場での場内アナウンスにも興味が芽生えていた。そして、具体的な一歩を踏み出した。

「当時の私は、アナウンスをするためにはどんなことをしなければいけないのかをわかっていませんでした。まず取り組んだのはスコアブックをつけることでした。そして、当時はSBO、現在のBSO、つまりストライク、ボールカウント表示のスイッチャーをして、開門アナウンス、打撃練習時の注意喚起、先発バッテリー、そしてスタメン発表と経験させていただけるようになりました。それが06年のことでした。」

こうして、6年ほどファームの場内アナウンスを経験した。ときには、一人で年間すべての試合を担当したこともあるという。

「この間ずっと、〝いつか一軍の試合も担当してみたいな〟と思っていたのですが、11年シーズンには年間3試合、一軍の試合のアナウンスをさせていただきました。そこからは川路さんの指導を受けながら、少しずつ担当試合が増えていきました」

麻美さんの言う「川路さん」とは、83年にヤクルト球団に入社後、営業部に配属され、その後、二軍のアナウンス業務を経て、一軍アナウンスを担当している川路麗さんのことだ。以来、「一体、自分がどれくらいの試合に関わったのかまったくわからないほど」、神宮球場のオペレーションルームから、眼下に広がる選手たちの躍動を見守り続けてきた。

「おそらく、300……、いや400試合ぐらいは担当させていただいていると思いますけど、正解がない仕事なので、問題や課題は常にあります。その日、球場に来ていただいたお客さまに少しでもわかりやすく状況を伝えることを心がけています。試合中盤から後半になると、守備固めなどで起用されている選手がガラッと変わります。そういうときは、誰がどこに入るのか、本当に集中力が必要になりますね」

プライベートでは他球団の本拠地に足を運び、グラウンドに意識を持ちつつも、場内アナウンスに耳を傾ける。自分の個性を前面に押し出して、強いインパクトを残すアナウンスをしたいとは思わない。あくまでも自分は、観客が楽しく観戦できる手助け役に過ぎない。そんな思いで、仕事をしているという。

「私はヤクルトファンですから、〝ここで一本出ればサヨナラだ〟とか、チャンスの場面で村上宗隆選手に打席が回ってくればテンションも上がるし、〝盛り上がるようなアナウンスをしようかな？〟と思うときもありますけど、けれども、主役はあくまでも選手たちであるということを常に意識しています。盛り上げ役はパトリックさんのお仕事だから、私は私の仕事をきちんとするだけです」

「ヤクルトが負けた日は『プロ野球ニュース』は見たくない」と麻美さんは笑う。正しいファンのあり方である。けれども彼女はプロの場内アナウンサーでもある。ヤクルト以外の選手の名前や特徴もこまめにチェックしなければならない。

「ヤクルトが負けた日はテンションが下がりますけど、ある程度はきちんと試合の情報を押さえるようには意識しています」

麻美さんにも神宮再開発について尋ねた。

「ここ1~2年の話ではないので、まだ実感はないです。ただ、24年シーズンは場内で半世紀前の神宮球場の映像が流れ始めました。それを見ていると、改めて〝すごい場所なんだな〟という思いになります。これから建築が始まり、新球場ができていくにつれて、実感も湧いてくるんでしょうね。私としては、選手、ファン、スタッフなど、神宮球場に関わるすべてのみなさんにとって見やすい、使いやすい球場になることを願っています」

麻美さんの球場入りの時間が近づいてきた。ひとまずインタビューを切り上げ、一緒に彼女の「職場」に向かう。すぐに神宮球場が見えてきた。

「まさにこの球場は自分を育ててくれた場所であり、いろいろな思い出がたくさん詰まっている場所です。神宮球場は切っても切れない場所ですよね」

自分が生まれる前から、父がプレーしていた。物心ついたときには、父がコーチとしてグラウンドに立っていた。やがてヤクルトファンになって、ときには友だちと、ときには一人で神宮のスタンドに腰を下ろして、選手たちに声援を送った。

やがて、この場所が彼女にとっての職場となった。本人の言葉にあるように、まさに「神宮球場は切っても切れない場所」となった。

「このお仕事はいつまでできるかまったくわからないし、いつまでもできるという保証があるわけでもありません。だからこそ、1試合、1試合を大事にしてしゃべっていきたい。そんな思いは最近さらに強くなってきていますね」

神宮球場に到着した。彼女の職場であるオペレーションルームに案内してもらった。

そこにはさまざまな音響機器が並んでいた。パソコンには、バックスクリーンに映し出す映像や文字が事前にプログラミングされており、ボタン一つで、選手たちの登場曲が流れるようになっている。狭い部屋の奥には、すでにユニフォームに着替えたパトさんが、手元の資料を丹念に読みながら、イメージトレーニングに励んでいる。

麻美さんがマイクの前に座る。眼下には目にも鮮やかなグリーンの人工芝が広がり、ブルーの座席も少しずつ観客によって埋まり始めている。

少しずつ試合開始が近づいている。しばらくその光景を眺めていると、グラウンドにパトさんが現れた。ライトスタンドを見ると、ツバメ軍団がスタンバイしている。

この間にも、さらに観客席が埋まっていく。

その光景を見ながら、ふと気がついた。

スタジアムの熱狂は「応援団、スタジアムDJ、ウグイス嬢」によって作られ、それにファンが共鳴することによって完成するものなのだ。どれ一つ欠けても、「神宮球場らしさ」は生まれない。

年間シートを契約している私は、もう何年も同じ席で観戦している。いわば定点観測のようなものだ。だからこそ、こうしてまったく別の角度から神宮球場を見ると、新たな発見があり、新鮮な気持ちになる。

（やっぱり、本当にいい球場だな……）

そんな思いで胸がいっぱいになった。試合開始まで、あと30分。

そろそろ私も、自分の席に戻ろうか。

さぁ、試合が始まる——。

2024 年 7 月 30 日、試合中の神宮球場。

2024 年 7 月 30 日、試合中の神宮球場。

試合中にオペレーションルームで準備をするウグイス嬢の水谷麻美さん。

神宮花火ナイターで5回裏終了時にカウントダウンするパトリック・ユウさん。

岡田団長が実際に応援で使っていたフライパンと木製のヘラ。

第六章

神宮の夜空に大輪の花火を

「私は花火の前座です！」と大黒摩季は言った

「はぁ〜……」

思わず言葉を失ったまましばらくの間、神宮の夜空を見上げていた。

夏の間、神宮球場で行われる東京ヤクルトスワローズ戦では、5回裏終了後に300発（ときには600発）の花火が打ち上げられる。

7月下旬から8月中、そして9月上旬、私は「野球、ビール、花火」の三点セットを心の支えとして生きていると言っても過言ではない。そんな生活がすでに30年以上続いている。だから、わざわざ「花火大会に行こう」と考えたこともなかった。

しかし、私はその考えを改めることを決めた。大学生の頃以来だから、前回足を運んだ花火大会以来、実に30年以上が経過していた。

2023（令和5）年8月12日――。

この日、行われていたのは「神宮外苑花火大会2023」である。会場は神宮球場。ヤクルトは京セラドーム大阪で阪神タイガースと戦っていた。スワローズナインが敵地で奮闘を続けていた頃、神宮球場には1万発の花火が打ち上げられていたのである。

特設ステージではゴールデンボンバーがパフォーマンスを繰り広げている。彼らの代表曲である『女々しくて』が始まると、一気に球場全体のボルテージが上がる。ステージ前のアリーナ席はもちろん、スタンド席からも大きな声援が飛んでいる。

次第に夕闇が辺りを支配し始める頃、ステージに登場したのが大黒摩季だ。『あなただけ見つめてる』『DA・KA・RA』『夏が来る』、そして『ら・ら・ら』など90年代を席巻したヒット曲ばかりのセットリストは、不特定多数が集まるこの種のイベントにはもってこいだ。会場の熱気がどんどん高まっていくのがわかる。そして、最後の曲『熱くなれ』は、真夏の野外フェスに最もふさわしい一曲だと言っていいだろう。

パフォーマンスの途中、彼女はこんな言葉を口にした。

「私は花火の前座です！」

そう、ゴールデンボンバーや大黒摩季ですら、この日は「前座」となってしまう。それぞれの出演時間は金爆が30分、大黒が40分だが、花火は60分である。この日の主役は、間違いなく「1万発の打ち上げ花火」なのである。

『明治神宮外苑七十年誌』には、こんな記述がある。


神宮外苑花火大会（日刊スポーツ新聞社主催）は、五十五年八月一日、明治神宮鎮座六十年記念として行われたのが最初だった。都心での花火大会は初めてとあって、当日は午後四時の開門前から入場券を求める長い列が続いた。バックネット裏と内野席に陣取った満員の観客は、バックスクリーン前から打ち上げられる約三、〇〇〇発の花火と、一一〇メートルの仕掛け大花火・ナイヤガラなどを楽しんだ。また、花火の合間にはミュージックショー、球場の周囲には金魚すくいや風鈴市などの夜店が賑わった。

花火は、五十六年より第二球場からの打ち上げとなり、その数も六、三〇〇発に増えた。平成元年にはさらに一万発に増え、毎夏の東京の風物詩となっている。

1980（昭和55）年のスタートであるから、すでに45年が経過しようとしている。この間、花火大会の存在は知っていたけれど、前述した理由から「わざわざ花火を見るため〝だけ〟に、お金を払ってまで神宮球場に行く必要もないだろう」と考えていた。

しかし、「神宮球場に関する本を書こう」と決めたからには、「ぜひこの目で花火大会を見てみたい」と考えるようになった。そこで、花火大会本番およそ2週間前に、このイベントのすべてを知る人物に会うことを決めた。彼は、80年に開催された第1回から現在に至るまで、すべての「神宮外苑花火大会」に関わっている。

指定されたのは聖徳記念絵画館内の外苑事務所。

その人は明治神宮外苑の職員だった。

第1回ゲストは「寅さん」とアントニオ猪木

田野倉正文――。

差し出された名刺には「明治神宮外苑　営業企画部」とある。55年生まれの彼の前職は日刊スポーツ新聞社だった。

「私は79年に日刊スポーツに入社しました。神宮外苑花火大会が始まったのは80年からですので、私の入社2年目のことになります。最初は編集に配属されましたから、〝まずは一般スポーツから始まって、やがて野球担当になるのかな?〟と考えていたんですけど、79年12月に企画局に異動となりました」

翌夏に向けて、すでに神宮外苑花火大会の動きは進められていた。当時はまだスポーツ新聞社がビッグイベントを企画することは珍しかった。

「私はまだ入社したばかりでしたから、上司に指示されたことをこなすだけで精一杯でした。このとき、博報堂さんの紹介で、ハウス食品さんが協賛会社となってくれることが決まりました。ちょうど明治神宮が御鎮座60年の節目の年でもあり、ハウスさんの納涼祭として開催することになりました。このときの私の役割は博報堂とハウス食品を何度も往復する使い走りのようなものでした。そして、警察、消防、都庁など関係各所に出向いて必要な書類を提出したり、説明を受けたりといった役割でした」

田野倉氏の説明によると、当時のハウス食品は拠点である大阪から、本格的に東京進出を考えていた時期にあったという。そこで目をつけたのが、神宮外苑花火大会だった。メインスポンサーとなることで、東京での認知度を高めたかったのである。

また、都会のど真ん中で大規模な花火大会を行うに当たって、東京都、警視庁、東京消防庁、四谷警察署、四谷消防署、原宿警察署、赤坂警察署などへの許認可申請、並びに保安、警備要請、交通規制の依頼など、各機関との調整が不可欠だった。こうした役割を任されていたのが、まだ入社2年目の田野倉氏だった。

「都庁には火薬電気課という火薬専門の取り締まりを行っている部署があって、まずはそこに許可をいただきに伺いました。東京都に受理してもらった後に、〝本当に計画通りに実施できるのか？〟ということを確認するために都庁、警視庁、消防庁立ち会いの下、実査を行います。こうしたプロセスを経て、ようやく正式な許可が下ります。さらに、もちろんメインは花火なんですけれど、〝スポーツ新聞社らしいゲストを呼ぼう〟ということになりまして、そのための調整もいろいろ行いました」

80年8月1日に行われた最初の神宮外苑花火大会で制作された大会パンフレット「花火綴帳」には、この日参加したゲストが紹介されている。

そこには、顔写真とともにこんな文章が躍っている。

渥美清
柴又の花火もきれいだけど、こっちもいいねェ。またひとつ夏の風物詩が生まれたなんてうれしいねェ。けっこう毛だらけネコ灰だらけ、神宮球場は花火だらけと——。

浅丘ルリ子
寅さんとこうしてまた会えるなんて夢みたい。あっ！　見て、きれいねー。（『男はつらいよ寅次郎ハイビスカスの花』で三度目の共演）

倍賞千恵子
ねェお兄ちゃん。旅なんか出なければこんなにきれいな花火だって見れるのよ。満夫も連れてくればよかったワ。

なんと、映画『男はつらいよ』の渥美清、浅丘ルリ子、そして倍賞千恵子、さらにおばちゃん役の三崎千恵子がゲスト出演しているのである。この花火大会の翌日となる80年8月2日から、シリーズ第25作『男はつらいよ　寅次郎ハイビスカスの花』が公開されるので、そのプロモーションだったのだろう。『男はつらいよ』フリークの私としては、ぜひぜひ自分の目で見たかった豪華ゲストである。

浅丘ルリ子演じるリリーは、シリーズ全50作中、実に6本に出演しており、リリーの出演作はいずれも名作ぞろいである。寅さんフリークの中では「2人は相思相愛であり、寅さんがいちばん愛したのはリリーである」というのが定説となっているし、私もそう思う。

ちなみに、倍賞演じるさくらの長男は「満夫」ではなく、正しくは「満男」であるということは、寅さん好きとしてはしっかりと指摘しておきたい。

さらに目を引くのが、当時の2人の世界チャンピオンの名前である。

具志堅用高

アントニオ猪木

ボクシングとプロレスを代表するチャンピオンの共演。まさにこの両雄こそ、田野倉氏の言う「スポーツ新聞社らしいゲスト」だった。

「その後も続々とビッグタレントさんたちが率先して出演してくださいました。次第に〝神宮外苑花火大会に出ると、売れるぞ〞というウワサが立って、各芸能事務所さんもすごく協力してくださいました。本当にありがたいです」

かつて、神宮球場のすぐそばに本社を構えていたエイベックスからは浜崎あゆみ、倖田來未、そして東方神起らが出演している。さらに、ＡＫＢ48、乃木坂46など、そのときどきの旬のアーティストがこぞって参加しているのも、このイベントの魅力の一つである。

芸能界ではしばしば「一発屋」という呼称が用いられる。しかし、神宮外苑花火大会は明治神宮のご加護とともに、「一万発」の花火が打ち上げられる。芸能事務所にとっても、アーティストにとっても、ぜひあやかりたい夢の舞台なのかもしれない。

慶應病院入院中の石原裕次郎も花火を堪能

先ほど述べた大会パンフレット「花火綴帳」には、当日の詳細な進行が掲載されている。司会は林家九蔵と三遊亭楽太郎である。

九蔵は、後の好楽であり、現在でも『笑点』で活躍している。一方の楽太郎は、後の六代目・円楽であり、2022年に72歳で亡くなっている。

これによると、17時30分に全日本鼓笛バンド連盟のドリル行進によるオープニングが行われ、

18時10分からは「サマーバラエティーショー」と題したイベントがスタートしている。その顔ぶれは実にカオスで、松坂慶子、五代目・三遊亭円楽、鹿取洋子、河合奈保子、稲川淳二、さらに具志堅用高、アントニオ猪木、プロ野球界からは別所毅彦、土橋正幸、黒江透修と続く。ジャンルもキャリアもバラバラで、率直に言えば「呼べる人をとにかく集めた」という感じのラインナップである。このとき松坂慶子は紫色のワンピース姿で、自身のヒット曲である『愛の水中花』と『夜明けのタンゴ』を披露している。

19時からは原田真二のステージが50分間行われている。『てぃーんずぶるーす』『キャンディ』『シャドー・ボクサー』と、デビュー以来立て続けにヒットを連発していたポップスターも、神宮の舞台に立っていたのである。

そして19時50分からは「神宮球場花火大会（その壱）」が10分間続く。ここでは、センターバックスクリーン前に設置された仕掛け花火が披露された。20時からは、前述した『男はつらいよ』ファミリーが30分ほど登場し、20時30分から「神宮球場花火大会（その弐）」が、さらに20時40分からは「その参」と続き、21時に幕を閉じた。

翌8月2日付の『日刊スポーツ』には、「ドドーン！3千発　酔う2万5千人」と題して、前夜のイベントについての記事が躍った。

ドーン、ドドドーン！　午後八時半すぎ、この日のクライマックス〝ナイアガラの滝〟がバックスタンドに明々と出現し、球場を真昼のように浮かび上がらせたとき、陣頭指揮に立っていたこの道三十四年の花火師滑川正夫さん（75）＝創立以来三百二十年のシニセ珠屋（たまや）の社長＝はホッと胸をなでおろした。全長百十メートル、高さ十メートルの大滝を目玉に、この日打ち上げた花火は三千発。じつに五千万円をかけたエベントだったが、現場（会場で仕掛けること）に彼ら花火師二十人が到着したのはなんと早朝七時。

この記事では珠屋の花火師たちの奮闘を描きつつ、職人の高齢化、そして後継者不足に悩む現状を報告している。田野倉氏は続ける。

「私はまだ右も左も何もわからない状態でしたから、珠屋さんのご担当の方にいろいろ教えていただきながら、少しずつ仕事を覚えていきました。今でもよく覚えているのは翌81年の第2回大会です。このときは入院中の裕次郎さんも花火を楽しんでくれたんです」

このとき、石原裕次郎は球場近隣の慶應病院に入院していた。『日刊スポーツ』81年8月18日付には「久しぶりに酔ったぜ」と題して、こんな記述がある。

慶応病院に入院している裕ちゃんも、ときならぬ神宮の花火大会に酔いしれていた。前からスタッフに花火大会があるのを知らされていた石原裕次郎さんはこの夜を楽しみにしていたようで、始まる直前の午後七時には病室の明かりを消した。そしてソファを窓側に向け、本来ならビールを片手に納涼気分を味わうところだろうが、もちろん、いまだにビールは厳禁。で、薄めのコーヒーを代用に打ち上げが開始されると「タマヤーッ」の呼び声をかけたり、数年ぶりに見る花火にカメラを持ち出し、パチパチとシャッターを切り「久しぶりに涼しい一晩を過ごしたぜ」と体の回復を裏付けるように終了の八時過ぎまで大はしゃぎだった。

この年は、前年の3000発から6300発に増量し、観客も2万5000人から4万3000人に増えた。2回目にして早くも、定着の兆しを見せていたのである。

積極的にイベントを開催してきた歴史的経緯

それまで、日刊スポーツでは野球やサッカー、ゴルフ、バレーボール、バスケットボール、ボクシングなど、各種競技の大会主催、後援だけでなく、「自動車レース場のマラソン」「銀座サイクリング」「後楽園の雪まつり」「大水槽のアクアラング」、さらには「勝鬨橋をあげる催し」など、実現できなかったものも含めて、意欲的にさまざまなイベントを立案していた。

だからこそ、「都会のど真ん中で大規模な花火大会を開催したい」というアイディアに対して、全社を挙げて邁進する勢いが生まれていた。

問題は明治神宮との折衝である。実際の交渉は田野倉氏の上司が当たったという。

「当時、日刊スポーツの企画部長で、私の上司でもあった佐藤洋さんという方が神宮球場の方と親しくて、いろいろ意見交換をしていたようです。その会話の中で、花火大会の話題となり、現実的な交渉がスタートしました。明治神宮というのは宗教法人ですから、あまりリスクのあることはしないんです。ただ、その一方では、積極的に外部の団体と組んでイベントも行っているんです」

神宮外苑花火大会が行われる以前、71年から76年にかけて「日本の祭り」というイベントが定期開催されていた。青森ねぶた、秋田の竿灯や綴子《つづれこ》大太鼓、富山の魚津たてもんなど、神宮外苑に日本中の伝統的な祭りを集める大規模なイベントである。

「この『日本の祭り』だけではなく、72年から87年にかけては絵画館周辺の一帯を使って、『ふり～ばる』というイベントも行っていて、いずれもフジテレビが主催していました。実はそれ以前にも、TBSの主催で『東京バザール』というイベントもイチョウ並木の辺りを中心に行っていました。テントで作った露店がたくさん並び、かなりの人気を博していました。私自身も、中学生、高校生の頃に訪れたことがありましたけど、当時人気のVANジャケットや世界の衣料品、食料品が並ぶオシャレなマーケットでした。このように、明治神宮外苑は保守的でありながら、意外と新しいことにも積極的に取り組んできたんです」

入社1年目途中で企画局に配属された田野倉氏は、そのまま異動することなく定年まで勤め上げた。この間、ずっと神宮外苑花火大会に関わり続けた。そして、定年のタイミングで明治神宮外苑長から、「定年したらどうするの？」と声をかけられた。

「定年後、どうするかははっきりとは決めていませんでした。けれども、外苑長から〝うちに来ないか？〟と誘っていただいたこともあって、明治神宮にお世話になることに決めました。この花火大会は、近隣地域の方々のご協力がなくては成り立ちません。幸いにして、私はニッカン入社以来、ずっとこの業務に当たってきていましたから、〝何かお役に立てることもあるだろう〟という思いもあり、今でも関わらせていただいています」

日刊スポーツ新聞社入社以来、ずっと神宮外苑花火大会に携わり、近隣地域を回って、各自治会会長や住民たちとの緊密なコミュニケーションを心がけてきた。

「花火大会に限らず、ヤクルトさんが夏の主催試合で花火を上げるときにも、この地域の方々にはご説明に伺っています。犬を飼っているお宅もあります。犬というのは花火に驚いてパニック状態になって壁を引っかいたり、噛みついたりすることがあるそうです。だから、事前にお伝えしておく必要があります。お年寄りの方は、〝花火の音を聞くと戦争中の爆撃を思い出すからイヤだ〟という方もいました。そういう方にも、一つ一つご理解をいただきながら進めていきました」

警備と騒音とゴミ――。

これが、大会開始以来、ずっと変わらぬ「三大クレーム」である。いくら万全を期し、細心の注意を払っていても、それでも近隣住民に負担を強いてしまうこともある。だからこそ、長い時間をかけて信頼関係を構築していかなければならない。

田野倉氏が明治神宮から誘われたのは、そんな事情もあったのだろう。

夏の南風が、花火大会にとって「風の恵み」に

今ではすっかり、夏の風物詩として定着した神宮外苑花火大会も、当初はレギュラーイベントではなく、単発のイベントとして考えられていたという。

「元々は単発のイベントで、継続的に行っていく予定ではなかったと思います。でも、最初の大会が好評だったことで、翌年以降も続けられることになりました。初回は『神宮球場花火大会』という名称で、第2回からは正式に『神宮外苑花火大会』となりました。打ち上げ場所は第二球場で、軟式球場にお客さんを入れて行っていました」

第1回から第3回まではハウス食品がメインスポンサーとなり大会が続けられた。しかし、「一応、当初の目的は達成した」ということで、その翌年からはハウス食品が撤退し、それからはビール業界ならばキリンビールやサッポロビール、自動車業界ならばトヨタ、家電業界なら東芝、そしてもちろんヤクルト本社など、数百万円規模のスポンサーを10社、20社と集めるスタイルに変化した。

さまざまな紆余曲折やトラブルに見舞われながらも、80年から現在に至るまで神宮外苑花火大会は続いている。田野倉氏は言う。

「いろいろと試行錯誤はありましたけど、これまで一度も事故やケガの報告はありません。やっぱり、明治神宮がついているから、神様のご利益があるんじゃないか、本当にそう思っています。毎年、花火大会の当日に私たちの役員が明治神宮に安全祈願の参拝をするんです。火薬を扱うわけですから、他の花火大会では事故の報告も耳にします。それでも、神宮外苑花火大会では一度も事故がない。それはすごく誇りに思います」

従来の花火大会は河川敷などの自然あふれる広大な土地で行われていた。それが花火大会の常識であり、大都会の中心にある野球施設で花火大会が開催されるというのは前代未聞の発想だった。

しかし、結果的に神宮球場は花火を打ち上げるのに最適な場所だったのだという。

「神宮外苑花火大会の場合、第二球場から打ち上げることが多かったんです。ここはゴルフ練習場でもあったので、もちろん周囲をネットで囲んでいます。ですから、もしも予期せぬ方向に花火が打ち上がったとしても、ネットで防御することができるんです。立ち会いに訪れた監督官庁の方が、〃ここは最も安全な花火会場かもしれない〃と言っていました。河川敷で花火を上げるケースだと、土台が安定しなくて横飛びするケースもあるそうですが、こちらの場合はグラウンドですからその点も安心です」

さらに、この花火大会は「風の恵み」もあった。

「神宮球場の場合、夏の風は『ホームラン風』と呼ばれる南風なので、第二球場にしても、軟式球場にしても、グラウンドや観客席内に燃えカスが落ちて来ないで、絵画館前の方向に飛んでいくんです。これが、秋や冬になると客席に燃えカスが落ちてしまうことになります。その点では、風の恵みもありましたね」

確かに、ヤクルト戦の試合中に打ち上げられる花火も、そのほとんどが球場内ではなく、絵画館側に燃えカスも煙も流れてゆく。何を尋ねても、よどみのない説明が続く。

田野倉氏の半生は、神宮外苑花火大会の歴史そのものなのである——。

オリンピックとコロナに翻弄された19～22年

続いて話を聞いたのは、主催者である日刊スポーツ新聞社・広告事業局広告事業部所属で、「イベントプロデューサー」の肩書を持つ篠田雅司氏である。かつては田野倉氏の部下であり、彼の退社後は篠田さんがその役割を引き継いでいる。

「私は2005（平成17）年に日刊スポーツ新聞社に入社して、07年から花火の担当をさせてもらっています。でも、それ以前は、日刊スポーツの関連会社に所属していて、その頃からずっと神宮外苑花火大会の担当をしています」

65年生まれの篠田さんが、神宮外苑花火大会に関わるようになってすでに20年以上が経過している。そして現在、彼は現場責任者としてそのほとんどを取り仕切っている。

すでに伝統あるイベントに育っている神宮外苑花火大会だが、ここ数年はさまざまな困難に直面し、そのたびに対応策に忙殺された。

2019年は新たな国立競技場建設問題である。

「19年は国立競技場の建設が大詰めを迎えている時期でしたから、神宮第二球場からの打ち上げが問題視されました。もしも、花火大会の影響で工事に支障が出て、翌年に予定されていた東京オリンピック2020開催に影響が出ることはあってはいけない。ということで、打ち上げ会場を軟式球場に変更することとなりました。すると今度は警視庁から〝それはままならぬ〟と指摘を受けました。当時は皇居が工事中のため、200mしか離れていない赤坂御所に天皇陛下がお住まいでした。それでも、関係各所との調整を経て、軟式球場から打ち上げをすることで何とか開催にこぎつけました」

20年は新型コロナウイルス騒動である。

「この年は元々、東京オリンピック2020のために開催中止が決まっていました。ですから、コロナには関係なく、警視庁、都庁に対して、〝今年は開催いたしません〟とかなり前からお伝えしていたので、大きな問題はありませんでした。そして、オリンピックが21年に延期されたことで、自動的にこの年の開催も中止となりました。ですから、20年、21年の2年間、神宮外苑花火大会は開催されていません」

問題となったのは、翌22年である。

「コロナ禍に見舞われて3年ほど経過していましたが、この時点ではまだ現在のように5類感染症に移行する前でしたから、いろいろな判断を迫られました。まずは東京都が定める都条例を徹底的に順守する仕組みを作りました。全員マスク着用を義務づけ、各ゲートに消毒液を設置し、サーモで来場者の体温を測り、熱がある場合には医療用テントに控えているドクターに診察してもらえるようにしました。また、警視庁のご協力を得て、テロ対策の一環として、お客さまが密になることを避けるような手配もしました。それでようやく開催許可をいただくことができました」

こうした苦労を経て、歴史ある神宮外苑花火大会は命脈を保つことができたのである。

「いくら新聞不況でも、イベントの力を信じている」

18年までは神宮球場をメインに、軟式球場、そして秩父宮ラグビー場も含めて6万人の来場者が訪れていた。しかし、混乱の19～22年を経て、今度は神宮球場の再開発が始まっていた。23年はすでに第二球場は取り壊されていたため、打ち上げ会場として軟式球場を使うことになった。そのため、収容人数が大幅に減って4万4000人となった。

こうした状況下で開催されたのが、この章の冒頭で記した23年8月12日、私にとって初めてとなる神宮外苑花火大会だったのである。

改めて篠田氏に尋ねた。

――スポーツ新聞社が花火大会を開催することの意味、意義は？

近年、新聞購読者は減少の一途をたどっている。部数拡大に役立つかどうかわからないイベントを、リスクを抱えてまで開催することにどんな意味があるのか？　どんな思いで運営に携わっているのか？

この質問に対して、彼は迷うことなく答えた。

「基本にあるのは読者サービスの一環、日刊スポーツを購読して下さっている方々へのお礼であり、感謝の思いの表明です。ただ、おっしゃる通り、このイベントによって購読者が増えたり、実売が増加したりするとは考えていませんし、イベント単体で大きな利益を上げているわけでもありません。それでも開催を続けているのはメセナ的な意味合いもあります。多くの方に、日刊スポーツの元気度を伝えたい。コロナ時代を経験したからこそ、なおさらその思いは強くなったと思います……」

ここまでは「日刊スポーツ社員」としての発言が続いた。そして、彼は「篠田雅司個人」としての思いを口にした。

「……今から40数年も前にスタートしたこのイベントをきちんと後世に伝えたい。田野倉さんをはじめとする先輩たちが築き上げてきたこの神宮外苑花火大会の火を、文字通り、消してはいけない。個人的にはそんな思いが強いです。明治神宮さんも、警視庁も、東京都庁も、〝ニッカンさんだから〟ということで実現が可能となっています。他の新聞社が後発で花火大会を開催しようとしても、おそらく許可は下りないと思います。それもやはり、先輩たちが築き上げてきた信頼です。それをきちんと守らなければいけない。それが、私の力となっています。

イベントの力を私は信じていますから」

篠田氏の発言にあるように、イベント自体の収支は「大きな利益はないけれど、赤字でもない」という。近年は3億円規模の金が動いている。それでも、収支とは別に、ここまでのイベントに育て上げた先人たちへの敬意を込めて、「自分が現役でいる間は、絶対に続けよう」と強い決意を胸に抱いている。

「現在、社員スタッフは私を含めて5名です。そして、当日は外部企業20社、合計3000名のスタッフでイベントに臨みます。私は前日の夜10時に神宮入りして、徹夜で準備に取りかかります。翌朝6時に花火玉の搬入が始まり、8時頃に設営が完了します。玉入れが終わると、四谷消防署の担当者がやってきて査察が始まります。計画通りであることが確認されると、そこで承諾書が発行されます。もしもこの時点で違反行為があれば許可は下りません。でも、もちろん一発で許可をいただけるように万全な準備をしています」

前日夜から朝にかけて、緊張状態が続く。そしてそれは、ここから夜にかけて、さらにピークを迎えることになる。

「花火の準備が終わると、今度はミュージシャンの方たちによるコンサートのリハーサルが始まります。その間に各警備担当の配置が始まるので、その確認も行います。こうして、15時にはほぼすべての準備を終えてスタンバイとなります。この段階では、いつお客さまが入場してきても大丈夫な状況になっていきます」

こうして、大会本番が始まるのである。

そして私も、16時には神宮球場に到着する。普段ならば、ヤクルト、そして相手チームのユニフォーム姿の観客ばかりだが、この日は様相がまったく異なっていた。浴衣姿のカップルや女性同士の集団も多い。いつものような、試合前特有の緊張感は微塵もなく、全体的に華やいだムードで包まれている。

内野一塁側をブラブラ歩く。普段、私が座っている年間シートにまったく知らない女性が座っていた。無意識のうちに、「そこはオレの席だぞ……」と居心地の悪い思いを感じている自分がおかしかった。

普段とはまったく異なる花火の見え方

18時にゴールデンボンバーのステージで幕が上がり、続いて18時50分からは大黒摩季のパフォーマンスが始まった。プロフィールを見ると、彼女は69年12月生まれとなっている。ということは、私の1歳年上の先輩ということになるけれど、誕生日の関係でこの時点では、私も彼女もともに53歳だ。急に親近感が芽生えてくるから不思議だ。

私は、大学卒業後、ある出版社に就職した。最初に配属された雑誌では音楽担当を任され、この頃、大黒摩季の新曲が出るたびに「レコ評」と呼ばれる紹介文を書いたものだった。彼女の歌声を聞いていると、駆け出し編集者だったあの頃が鮮やかによみがえる。今もなお現役バリバリのアーティストである大黒への尊敬の念が大きくなる。

最後の曲となる『熱くなれ』の熱唱で会場を一つにして、彼女はステージを降りた。ヤクルトのヘッドコーチを務める嶋基宏は、現役時代にこの曲を登場曲としていたことが頭をよぎる。22年10月3日、彼の引退試合が行われた。現役最終打席で流れたのもこの曲だった。舞台はもちろん、ここ神宮球場である。

さぁ、いよいよ花火の打ち上げが始まる。

バックスクリーンに映し出された数字が減じていく。場内のあちこちから、「5、4、3、2、1……」とカウントダウンが聞こえる。

そして——。

19時30分、神宮の夜空に色とりどりの花火が打ち上げられる。

そこからの数十分は、初めて経験する夢のようなひとときだった。普段、ヤクルト戦で見ているよりも、さらに鮮やかに大輪の花が目に飛び込んでくるような気がした。そして、気がついた。このとき、バックスクリーンのスコアボードは、提供スポンサー名以外は消灯されていた。野球の試合では花火が打ち上げられている間も、常に両チームの出場選手やスポンサー企業の広告が煌々と表示されている。

しかし、この花火大会においてはほぼ完全と言っていいほど暗闇が保たれていた。だから、普段よりもはっきり、そしてくっきりと花火が目に飛び込んでくるのである。

「はぁ〜……」

完全に言葉を失ってしまった。圧巻の光景だった。ヤクルト本社の提供では、野球のボールを模した花火が打ち上げられた。

この2日前、ヤクルトは神宮球場で広島東洋カープと対戦し、13対3と大勝していた。村上宗隆が3安打5打点と大活躍し、実に美味いビールを呑んだ一夜だった。それから48時間が経過し、私の目の前では初めて体験する異空間が広がっている。

（あぁ、これもまた神宮球場の美しい光景の一端なのだな……）

そんなことを感じながら、しばしの間、私は花火に酔いしれていた――。

再開発に伴う、神宮外苑花火大会の「これから」

20時20分、隣接されている秩父宮ラグビー場からの花火を見ようと席を立った。神宮球場正面を通る際、大会本部の前を通った。扉は空いたままで、せわしなくスタッフたちが出入りを繰り返している。

ふと、部屋の中をのぞくと、インカムをつけて何事かの指示を飛ばしている篠田氏の姿が目に入った。一瞬、あいさつをしようかと思ったけれど、「今はそれどころではないだろう」と思い直し、目礼をしてそのまま秩父宮ラグビー場に向かった。

前日の22時に神宮球場入りして、ほぼ徹夜状態でこの瞬間を迎えているのだろう。改めて、取材時に聞いた彼の言葉を思い出す。

「イベント終了後は、そのまますぐに撤収作業が始まります。もちろん、この日も徹夜です。契約では、翌朝8時までに完全撤収で神宮球場さん立ち会いの下でお返しすることになっていますから」

——そこでようやく、自宅に戻ってゆっくり寝ることができるんですね。

私が言うと、篠田氏の口元から白い歯がこぼれた。

「……何も問題がなければ、ですね」

幸いにして、これまで大きなトラブルは一度もない。しかし、もしも何か事故が起これば、関係各所に事情説明や謝罪に出向く必要も生じることだろう。そうなれば、自宅に戻ってのんびりすることは、さらに遅れてしまう。

「もちろん、大会本部で仮眠は取ります。椅子の上でも十分寝られますから。ただ、常に無線で連絡が来るし、人も出入りしているので、ほとんど寝られないですけどね」

すでに50代終盤に差しかかっている。還暦を控え、緊張状態のままで丸二日の徹夜作業は心身ともに辛いことだろう。自身の「これから」について尋ねた。

「定年まではあと3年です。もしも、〝別の部署に異動だ〟と会社から命じられたら、ひょっとしたら、早期退職をするかもしれません（笑）。それは冗談としても、ここまでやらせてもらってきたのだから、最後まで神宮外苑花火大会をまっとうしたいです」

――この花火大会は、篠田さんにとってのライフワークみたいなものですね。

そんな言葉を投げかけると、彼は「いや」と言って続けた。

「私自身はライフワークだとは思っていません。担当しているのは花火だけでなく、1年365日、日々いろいろなイベントがありますから。だけど、周りの人から見れば、〝篠田にとって、神宮外苑花火大会はライフワークだ〟と思われているかもしれないですね。家族からは毎年、〝パパ、いつもこの時期になるとイライラしてるよね〟って言われます。やっぱり、自分でも気づかないうちにピリピリしているんでしょうね。だって、プレッシャーはありますからね」

長年、築き上げてきた神宮外苑花火大会にも、転機が訪れようとしている。

神宮外苑の再開発である。日刊スポーツ新聞社を経て、現在では明治神宮職員となった田野倉氏にこの一件について問う。

「開発が進むにつれて、花火の打ち上げ場所の確保が問題になってきます。安全に打ち上げるためにはどこから打ち上げればいいのか？ 第二球場がなくなった今、軟式野球場もなくなると、かなり厳しくなります。そうなると、存続も含めて検討の余地が出てくるかもしれません」

再開発に伴い、神宮外苑花火大会の存続にも影響が及ぶという。また、一部では開発そのものに対する反対運動の声も上がっている。

こうした現状については、どのように考えているのか？

「神宮球場の老朽化をどうにかしなければいけない。それが最大の課題です。さらにスペースの問題もあります。大学野球、プロ野球のことを考えたときに、空白期間を作ることなく改修をすることは不可能です。都内にこれだけの試合数を行うことのできる代替球場もありません。そうなると、現状の開発計画がベストだと思うのですが……」

近隣住民への説明会や公式ホームページによる啓発活動は続けている。さらなる周知徹底は今後も重要だ。「まだまだこれからも発信していきます」と田野倉氏は語る。

翌24年も、神宮外苑花火大会は無事に開催された。

この日も、1万発の花火が神宮の夜空を華やかに彩った。実に第43回目である。すでに「神宮と花火」は切っても切り離せない関係となっている。11年以来、東日本大震災の復興支援も続けている。このイベントは、人々の憩いとなり、社会的意義もある。

（神宮外苑花火大会のこれからは、一体、どうなるのだろう？）

神宮球場を後にしながら、私はそんなことを考えていた。

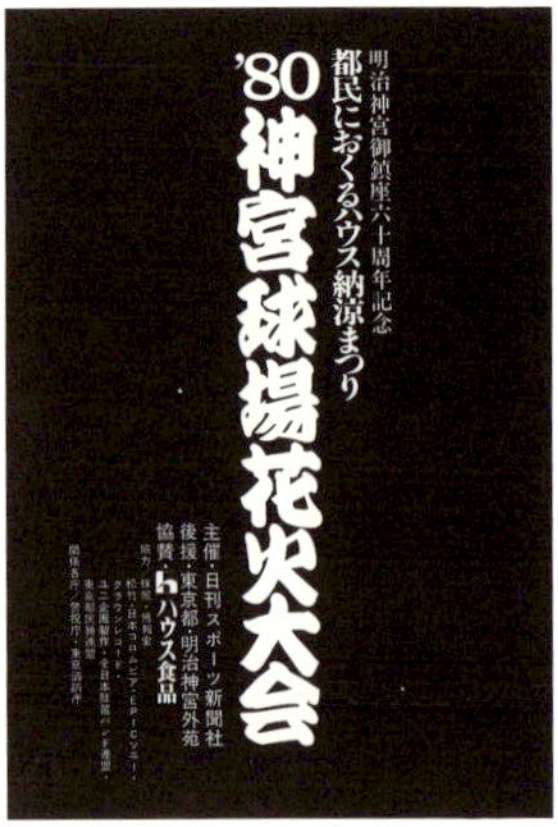

1980年8月1日に開かれた第一回神宮球場花火大会の概要。明治神宮鎮座60年を記念として行われた（提供：日刊スポーツ新聞社、珠屋）。

都心での花火大会は初めてということもあり、バックネット裏と内野席は満員の観客で埋め尽くされた。

'80神宮球場花火大会プログラム

午後		
5時30分	オープニング	全日本鼓笛バンド連盟のドリル行進ならびに宮間利之とニューハードオーケストラによる演奏
6時	開会のご挨拶	
	～第一部～	
6時10分	サマーバラエティーショー	出 演／松坂慶子, 三遊亭円楽, 鹿取洋子, 河合奈保子, 中山圭子, 舟倉たまき, 林家九蔵, 三遊亭楽太郎, 稲川淳二
		ゲスト／具志堅用高, アントニオ猪木, 別所毅彦, 土橋正幸, 黒江透修
	夏の風物を描く――レーザー光線ショー	
	～第二部～	
7時	ヤングポップス「プラスチックス・オン・ステージ」	出 演／プラスチックス, 稲川淳二
7時50分	神宮球場花火大会(その壱)	仕掛け花火20m×10m
	「光のファンタジー」	スターマイン50連発2台
	～第三部～	
8時	夕涼み大東京まつり	出 演／渥美 清, 浅丘ルリ子, 倍賞千恵子, 三崎千恵子, 高橋キヨ子, 由岐ひろみ, 東京都民踊連盟
		演 奏／宮間利之とニューハードオーケストラ
8時30分	神宮球場花火大会(その弐)	
	「神宮の森のにぎわい」	スターマイン100連発2台
8時40分	神宮球場花火大会(その参)	
	「おとめの花園」	スターマイン150連発2台
	「夜空のランデブー」	スターマイン150連発2台 仕掛け花火20m×10m
	「神宮に捧げる花束」	スターマイン200連発2台 大仕掛け花火40m×10m 大ナイヤガラ花火110m
	「ビバ！TOKYO」	スターマイン300連発2台 仕掛け花火

（司会：林家九蔵, 三遊亭楽太郎）

第一回のプログラム。渥美清、浅丘ルリ子、松坂慶子、倍賞千恵子など……豪華な出演陣だった。出演予定のプラスチックスは出演せず、原田真二が代演している（提供：日刊スポーツ新聞社、珠屋）。

バックスクリーン前から打ち上げられる花火と110mの仕掛け大花火・ナイヤガラなどが話題になった（提供：日刊スポーツ新聞社、珠屋）。

現在では考えられない、神宮球場内からの打ち上げだった（提供：日刊スポーツ新聞社、珠屋）。

第一回は日刊スポーツ新聞社主催、ハウス食品協賛で行われた（提供：日刊スポーツ新聞社、珠屋）。

約3000発の花火が神宮の夜空を彩った（提供：日刊スポーツ新聞社、珠屋）。

グラウンド内にステージが置かれ、内野席は観客で満員になった（提供：日刊スポーツ新聞社、珠屋）。

第七章
神宮球場を作った男
——小林政一が描いた夢

Be Constructed In The Outer Gardens of The Meiji Shrine. nnection With The Stadium Already Erected Will Give The Much Needed Center For Ahletic Games.

(1) As the Builidding Will Appear When Completed.

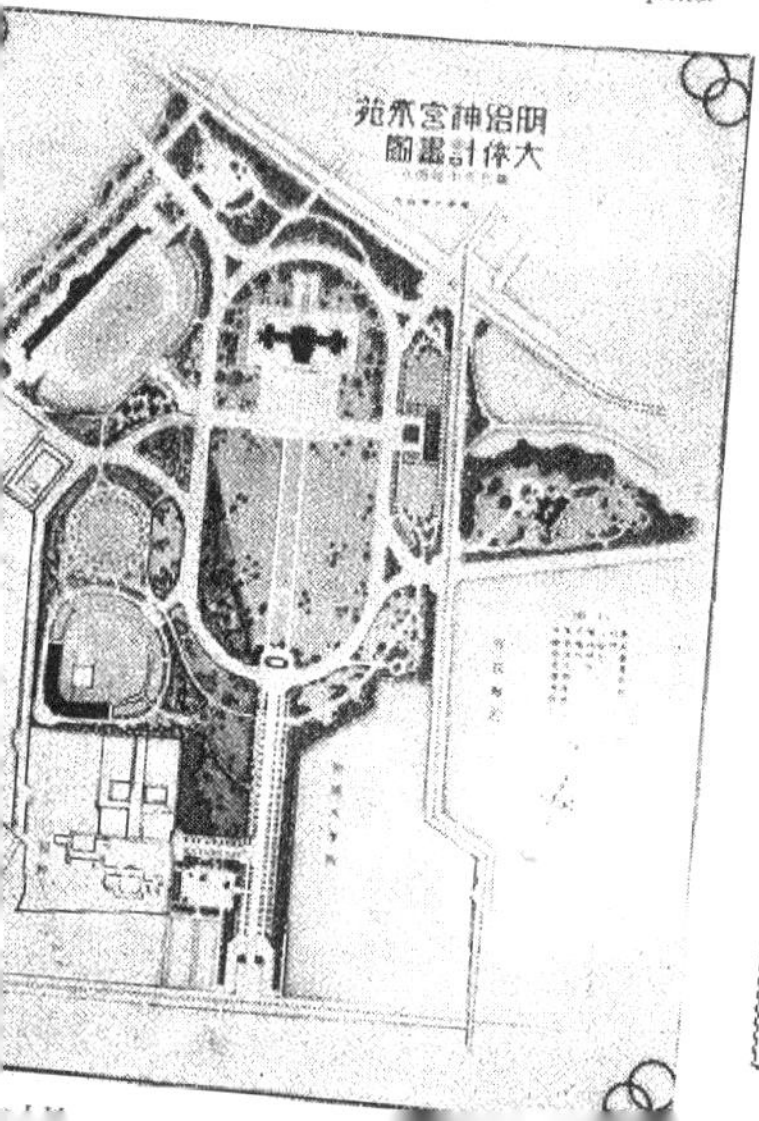

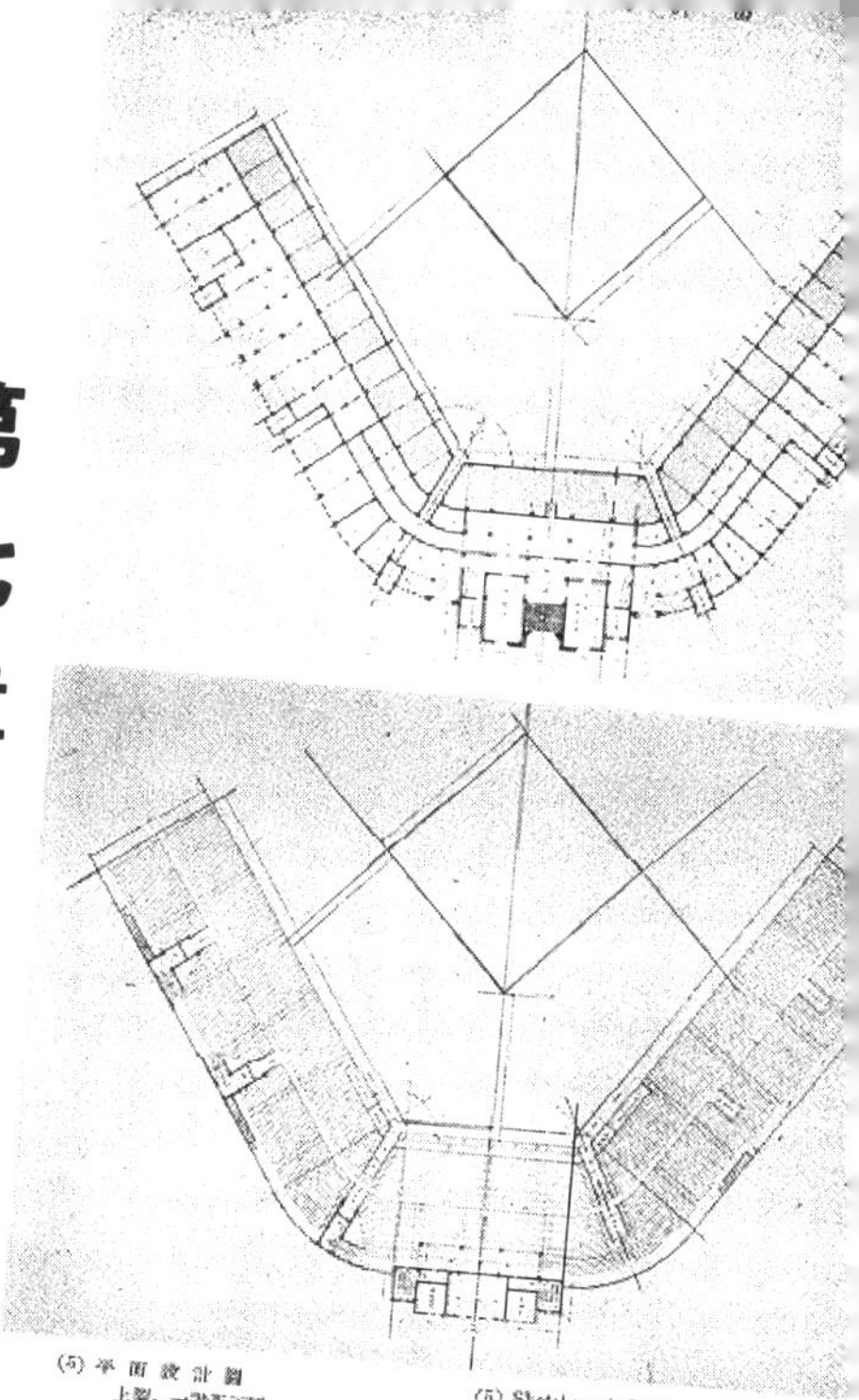

(5) 平面設計圖
上圖、一階平面圖
下圖、二階平面圖

(5) Sketches of the First and Second Tie

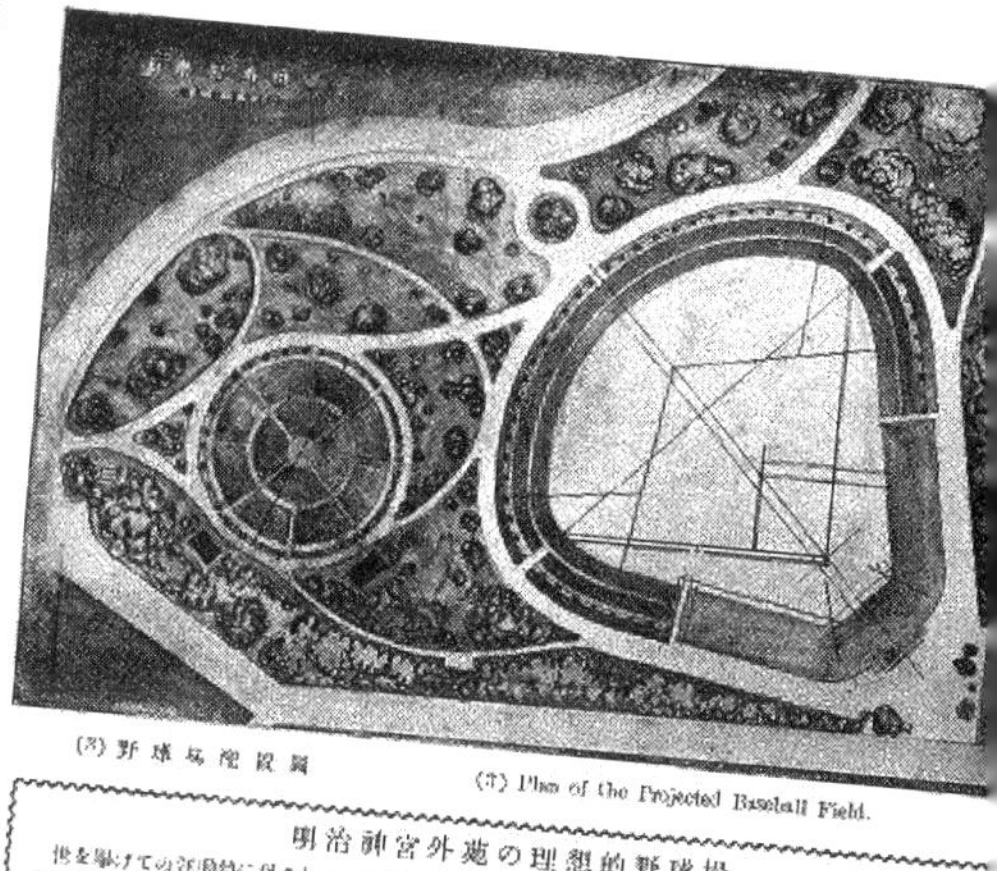

(3) 野球場施設圖

(3) Plan of the Projected Baselall Field.

明治神宮外苑の理想的野球場

世を舉げての運動熱に促されて、競技場の設計も次第に完備したものが生れる樣になつた。こゝに紹介する明治神宮外苑の野球場も可成新規模のもので、工事上の特異なものとして記錄することが出來る。

この野球場新設問題も總設費約七十萬圓の捻出に可成り困難の模樣であつたが、六大學リーグの委員發起となり全國野球チーム及野球團を有する中等以上の學校野球關係者等で約十萬圓を醵金し、大部分の基金は神宮奉贊會より支出することになつた。

野球場の設計は全部神宮造營局技師が各運動關係者の意見を參酌して樹てたもので、敷地約七千坪、約四萬人の觀衆を收容し、グラウンドの廣さ四千坪で、落成の曉はその設備に於て現在の日本では他に追随を許さない理想的な野球場となるものと注目されて居る。

本年九月迄にはグラウンドを完成し、秋のリーグ戰はこの野球場で華々しく擧行したいとの輿論に意氣込み造營局は晝夜兼行準備に忙殺されて居る。

因に東京府市の中學校十一校及神奈川縣の中學校七校の野球部學生百三十餘名は、冬の休暇を利用して、スタンドの土工に獻身な勞力奉仕をしたさうである。

貴賓席から見る新鮮な光景

初めて神宮球場を訪れて以来、私はそのほぼすべてを一塁側・ライト側で観戦してきた。この球場を本拠地としている東京ヤクルトスワローズは常に一塁側であり、早慶戦においても「早稲田は一塁側、慶應は三塁側」となっている。だから、三塁側、レフト側から試合を見るということは経験したことがなかった。その事実に気づき、空席が目立つオープン戦ではあえて三塁側、あるいはレフトスタンドからの観戦を試みたこともある。

レフトスタンドから東京タワーの先端が見えたときには軽い感動を覚えた。長年この球場に足を運んできたけれど、「神宮球場と東京タワー」が私の中ではまったく結びついていなかったからだ。それまで私が見てきたのは、一塁側から見えた旧日本青年館や神宮第二球場であり、現在では新宿副都心のビル群であり、代々木方面のＮＴＴドコモ代々木ビル、通称「ドコモタワー」だったからだ。

あるいは、ごく稀にではあるけれど、知人からもらったチケットで、「パノラマルーフ」と呼ばれる、屋根付きの二階席から観戦したこともあった。バックネット裏の高い位置から俯瞰して球場全体を見渡せるこの席から見る野球もまた新鮮だった。

（まだまだ見たことのない景色も多いのだな……）

そんなことを実感していたときに、スタジアムDJのパトリック・ユウ、そして場内アナウンスを担当する水谷麻美両氏の取材で、初めてオペレーションルームに入室した。たくさんの映像、音響機器に囲まれながら見る景色も、新たな感慨を覚えさせてくれた。

やはり、まだまだ知らない景色は多い。

再開発計画が進んでいけば、この光景は二度と見られなくなる。今、見ておかなければ絶対に見ることができなくなってしまう。そんな思いを抱き、取材申請をしたところ、神宮球場の計らいで、普段は見ることのできないバックヤードなどを見学させてもらえることになった。

ちなみに、神宮球場には例年、夏季期間に数日間のメンテナンスデーがある。この間、試合は行われず、フェンス、人工芝、アンツーカー、そして客席など、球場施設の補修、清浄作業を行うのだという。

まさにこのメンテナンスデーに見学を許されたのだ。初めて見る景色、普段は立ち入ることのできないエリアをぜひ見てみたい。そんな思いとともに神宮球場に向かった。

まず案内されたのは、放送席の横にある貴賓席だ。

そこは全部で9席、すべて革張りの椅子が並んでいた。ここからなら球場全体を見渡すことができ、視界を遮る鉄柱やネットもほとんどなく、本当に見やすい。防護ガラスがないため、打球が飛んでくるリスクはあるものの、試合の臨場感は損なわれることはない。

ちなみに、25年シーズンからはガラス張りの個室となるという。はたしてそれは、どんなものとなるのか楽しみだ。

以前、東京ドームの貴賓室で取材をしたことがある。そこは、絵画や豪華な家具などのさまざまな調度品が並べられ、防護ガラスで覆われた広々とした部屋だった。さらに、ホテルから取り寄せたというオードブルが並び、高級ワインの提供もあり、食事をしながらゆったりと観戦ができるスペースだった。

それと比べるとかなり質素ではあるものの、神宮球場には神宮球場の風情がある。ここには椅子の横に小机が設置され、なるほど確かに「貴賓席」の名にふさわしい。

しかし、スペースが限られているため、この1室しかなく、大人数で食事や会話を楽しみながら観戦できるような「貴賓室」の実現は、神宮球場では不可能だろう。

眼下には球場スタッフたちが懸命にグラウンド整備を行っている。ここから試合を見たら、どんなに刺激的なことだろう。

以前、この席から愛子内親王がプロ野球観戦をされたという。調べてみると、それは2009（平成21）年7月のことだった。愛子さまが8歳の頃のことである。

同年のWBC（ワールド・ベースボール・クラシック）で世界一に輝いた侍ジャパンを見て以来、当時横浜ベイスターズに在籍していた内川聖一のファンとなり、この貴賓席から声援を送ったのだという。後日、内川はサイン入りのバットを贈り、愛子さまは学校から帰宅すると、そのバットを握ってティーバッティングをしていたという報道もあった。

ちなみに、昭和天皇が初めて早慶戦観戦に訪れたのは神宮球場完成直後の29年のことであり、戦後は50年11月、東京六大学秋季リーグの早慶2回戦だった。

あるいは、東京六大学リーグにおいて、立教大学の優勝が懸かった試合で、ＯＢの長嶋茂雄がお忍びでこの貴賓席から観戦したこともある。

このとき、長嶋の身の回りの世話をしたのが同大学の後輩であり、巨人時代には「監督と選手」として接した横山忠夫である。

「騒ぎになったらいけないから、試合が始まってからお忍びで貴賓室に通されたんだけど、観客の一人が気がついた途端、周りの人たちも試合そっちのけでみんなが携帯電話を取り出して、写真を撮り始めたんだ。でも、長嶋さんも上機嫌で応じていたけどね」

このとき、横山には忘れられない思い出がある。

「長嶋さんが、立教の校歌を口ずさんでいたんだ。卒業して何年も経っているのに、きちんと覚えていたことが、何だか嬉しくってね」

神宮球場50周年記念で刊行された『半世紀を迎えた　栄光の神宮球場』には、当時ジャイアンツの監督だった長嶋のコメントも掲載されている。

わたしは巨人軍に進んだあとも神宮球場でプレーする機会が多いのですが、グラウンドに一歩はいると、あのレフトスタンドが目に飛び込んできて、いいしれぬなつかしさが胸にこみあげてきます。同時に、かつての学生時代の苦しかった鍛錬を思い出しては、常に心を引きしめてプレーに忠実であることを心がけてきたつもりです。

球史に残る大スターにとっても、神宮球場は青春時代を呼び起こす心の故郷なのである。

バックスクリーン最上部に上り、荒木トンネルを下る

続いて案内されたのがセンターバックスクリーンである。全画面フルカラーLED方式の「スーパーカラービジョン」。その表示面は縦12・0m、横27・2mの326㎡、1170インチ。これは屋外球場では国内最大だという。表示面に向かって左下、レフトスタンド寄りに小さな入り口がある。ここからバックスクリーン内部に入ることができる。薄暗いひんやりとした室内に入ると、表示板には「1階」と書かれていた。鉄製階段を一段ずつ上って6階を目指す。心なしか室内はさらに冷たくなったよ

うな気がした。バックスクリーン内部は数々の精密機器の集積によってできているため、各基盤がオーバーヒートしないように冷やしているのである。

そして最上部となる6階に到着する。狭い通路には日の丸はもちろん、ヤクルトをはじめとする各球団の旗が整然と並べられていた。国旗、連盟旗、球団旗を掲揚するためである。扉を開けると、バックスクリーン背面に出た。そこからポールが天高くそびえたっている。ここから国旗や球団旗の掲揚を行うのである。

この位置からはグラウンドを見ることはできないものの、背後に控える室内練習場は真上から一望できる。ここから見る神宮外苑も私にとっては新鮮な光景だった。

続いて、ビールの売り子たちが商品の補充、詰め替えなどを行っている各ビールメーカーのバックヤードを通って、一度球場の外に出た。

ウワサの「荒木トンネル」を見学するためである。

ヤクルトクラブハウスの敷地の片隅にひっそりとたたずむ円筒形の小さな建物。ドアを開くと、地下へと続く螺旋階段。窓もなく、陽光も差し込んでいないので少しひんやりとする。蛍光灯の薄明りの中、コツコツと足音が響く。20段ほど降りると、高さ2m、幅1・5m、全長15mのトンネルが伸びている。

そのまま真っ直ぐ進み、今度は螺旋階段を上っていく。扉を開けると、そこは神宮球場一塁側グラウンドへと通じる選手通用路だった。

（なるほど、これがウワサの荒木トンネルなのか……）

早稲田実業高校時代、「大輔フィーバー」を巻き起こした荒木大輔の入団に合わせて、選手とファンとの接触を避け、未然にトラブルを防ぐべく、球場とクラブハウスを繋ぐ地下通路が作られた。だから「荒木トンネル」。『明治神宮外苑七十年誌』には次のように記されている。


この年（注・1983年）はまた、甲子園で活躍した早稲田実業・荒木大輔投手がヤクルトに入団し、その人気はスター並みの様相を呈した。このため、試合後の選手を熱狂的なファン攻勢から守るため、クラブハウスから球場に通じる地下通路を新設することにした。当初の計画案は、三塁側と同じ選手専用ブリッジの建設であったが、地下道案が提案され、これを採用したものであった。


しかし、当の荒木はこの一文を否定する。

「元々、あのトンネルは僕の入団前から建設が予定されていて、たまたま僕の入団のタイミングで完成したものなんです。決して、僕がヤクルトに入ったから作られたものではないんです。ただ、一般的に《荒木トンネル》という呼び方が独り歩きをして定着してしまったし、いろいろな人に聞かれて面倒なので、〝そういうことにしておいてください〟ということで、特に否定することをやめたんです（笑）」

実際のところは、荒木の入団が決まって神宮球場サイドは急遽、地下トンネルの建設を決定した。しかし、荒木は当然、その経緯を知らない。そして翌春、荒木が神宮球場を訪れたときには、本人の言葉にあるように「たまたま僕の入団のタイミングで完成したもの」だ。決して「たまたま」ではないが、人に歴史あり、球場に歴史あり。

本人が否定していないように、「荒木トンネル」は荒木のために誕生したものなのである。

神宮外苑の設計者にして、施工責任者

これまで一度も見ることのできなかったエリアを目の当たりにしたことで、さらに神宮球場に親しみを感じるようになった。そこで、ふと素朴な疑問が芽生えた。

（この球場は、一体、誰が設計したのだろう？）

これまで、一度もそんな疑問を抱いたことはなかった。資料を当たると、すぐにその人物が判明した。

小林政一――。

1891（明治24）年、茨城の豪農に生まれた小林は、東京帝国大学工学部建築学科を卒業後、大蔵省に入省。そして、師である佐野利器の推薦で明治神宮造営局の技師となる。神宮外苑関連の書籍、資料を当たっていると、佐野の名前はしばしば登場する。ドイツへの留学経験を持つ佐野は、1915（大正4）年に内務省明治神宮造営局参事・参与となり、外苑計画の中心的人物としてプロジェクト遂行に関わった。佐野が、全幅の信頼を寄せていたのが愛弟子の小林だった。

こうして小林は、聖徳記念絵画館、明治神宮外苑競技場をはじめとする神宮外苑の数々の施設建設に関わることになる。

生前の彼と親交があり、建築学会事務局長を務めた経験を持つ高杉造酒太郎は、小林の死後に「脱建築家志士小林政一先生」という文章を発表している。この中で高杉は、次のように小林を評している。

> 先生は全く春風駘蕩で洋々たる大河のようである。大局を掴めば細かいことはまかせる。建築家の通弊を脱していた。自然に逆らわず無理をしない大人的なところがあった。雄弁ではないがとつとつとした水戸訛りで真実味が籠っていかにも情の人の感が深い。誰とでも気易く相談相手になってくれ、親身の温かさは若い部下などに慈父のごとく慕われていた。

さらに高杉は、こんなことも述べている。

先生は躯もがっちり肝太であり、大局に眼をやり些事に拘らない竹を割ったようなところもある。

その上で、文章は次の一文で結ばれる。

先生の性行は何か自然の成行に委せる良寛和尚と似た風趣がある。先生のご逝去は残念である。

一体、小林とはどんな人物なのであろうか？

小林政一の歩んできた道

小林に関する資料を集めている中で、彼の死後、ゆかりある人たちが集って追悼集『小林政一先生』を出版していたことを知った。

私家版で関係者にのみ配布されたもので、一般には流通していないものではあるが、運よく古書店に在庫があることを知り、すぐに購入した。

そこには生前の彼が自ら記した「履歴書」が収載されていた。几帳面な性格だったようで、丁寧な筆文字で綴られた自らの履歴は、和綴じで2冊に及ぶ。インターネット百科事典のWikipediaでは2月14日生まれとなっていたものの、その履歴書には12月14日と書かれている。

先祖は代々、庄屋を営んだり、学習塾を経営したりしていたという。祖父は村役場の収入役で農作業の経験はなく、父・久太郎は村会議員の傍ら、漢書の研究に熱心で、たくさんの蔵書を誇っていたという。

政一は茨城県立竜ケ崎中学校、第一高等学校、東京帝国大学工科大学建築学科、そして同大学院に学んだ。大学院時代の研究題目は「鉄筋コンクリート構造」だった。

自身の手になる履歴書によれば、「小林と明治神宮」との関わりは「大正八年七月十一日外苑事務取扱を嘱託ス」から始まり、このとき「月手当九拾円給与」だった。そして同日、「外苑課勤務ヲ命ス」とあり、同年10月8日に正式に「任明治神宮造営局技師」となっている。大正8年ということは、西暦1919年であり、彼が27歳の頃のことである。

注目すべきは、同年12月22日に手渡された賞与についての記述である。履歴書には次の一文が記されている。

職務格別勉励ニ付金百五拾円賞与

月給90円の小林に対して「職務格別勉励」の理由で、さらに150円のボーナスが支給されている。小林の履歴書を丹念に見ていくと、「職務格別勉励ニ付」という表現が数多く見られ、2年後の1921年の冬の賞与は600円に昇給している。

実際、この間の小林は寸暇を惜しんで働いていた。三十路を迎え、気力、体力ともに充実の時期にあった。前述した『小林政一先生』には、建築史研究家の藤岡通夫による「明治神宮外苑時代」が収載されている。

この外苑工事の計画の大要は、旧青山練兵場に千駄ヶ谷の一部民有地を買収して附加え、合計十五万坪の土地を敷地とし、これに樹林池泉を設けて公園都市、その中に聖徳記念絵画館、競技場、憲法記念館、葬場殿址記念物等の建造物を建てようとするものであった。ところがその後第一次大戦の影響を受け、一般物価や労賃が暴騰したところに、加えて大正十二年の大震火災が起り、工事の遂行に頓挫をきたし、再度中止するのやむなきに至ったが、間もなく工事を続行することができ、結局工事費八六〇余万円に増加し、工期を二ヵ年延長して大正十五年三月に絵画館は竣工した。また野球場も追加建設することになり同年二月に着工されている。

神宮球場が完成したのは1926（大正15／昭和元）年のことだった。小林が34歳の頃である。完成翌年となる27年3月28日、小林の履歴書にはこう書かれている。

明治神宮外苑工事施工ニ関シ尽力不尠仍テ慰労トシテ金弐千九百四拾四円給与

時代は大正から昭和に代わったばかりである。当時としては破格となる2944円の給料を小林は手にしている。神宮外苑誕生の大功労者としての評価だった。

参考にしたのはヤンキー・スタジアム

前述したように、小林が神宮外苑建設に関わったのが19年のことであった。一連の施設が完成した29年、小林は論文「明治神宮外苑工事に就て」で外苑の諸建築計画を理論的かつ歴史的に解説し、工学博士号を取得している。

すぐにこの論文を取り寄せ、熟読した。なるほど、確かにどのような理念を持って神宮外苑が作られたのかがよくわかる内容だった。この論文の「第五編　野球場」で、神宮球場についての詳細が述べられている。以下、旧字体を当用漢字に変更し、適宜現代仮名づかいに改めた上で紹介したい。

それによると、当初の計画では野球場の建設予定はなかったものの、市民による「野球場の造設を要望するの声」の高まりを受け、「大正十四年十月既定計画の一部を変更して野球場及相撲場の造設を追加する」ことが決まった。

この一大プロジェクトの責任者となったのが小林である。彼は自身の論文において、その心境を次のように述べている。

余は本工事設計及施工の任に当り、努めて実例斟酌し、運動家の意見を聞き、萬遺憾なきを期したりとは雖も、日に月に進歩極まりなき競技の技術に対しては、或は既に足らざる所生ずるに至りたるやを恐るるものなり。

つまり、設計、施工の責任者である小林は、「施設を利用する選手たちの意見を取り入れ、万全を尽くしたつもりではあるものの、日々進化、発展を続けるスポーツの世界において、完成して数年にして早くも、すでに不便を感じているかもしれない」と懸念していたというのである。

それからおよそ100年が経過した。小林が懸念していた「既に足らざる所」はますます顕在化しているのが実情である。

神宮球場の設計に当たって小林は、アメリカ・メジャーリーグの各球場、そして国内の既存球場のデータを取り寄せると同時に、現地視察を行っている。

しかし、当時はまだ球場建設の黎明期にあった。小林は言う。

世界各国に普及せられ、著しき発達を遂げたりとは雖も、之が競技場の設備は比較的見る可きもの少く、其の多くは広場の一部に簡単なる観覧席を設けて之に充つる程度なり。

新時代の新たなスポーツ――野球――はまたたく間に世界各国に普及したものの、この時代ではまだ参考とすべき球場はほとんどなかったのである。

この時点で小林が参考としたのが、1891年に誕生したニューヨーク・ジャイアンツ（現・サンフランシスコ・ジャイアンツ）の本拠地であるポロ・グラウンズ（1963年閉場）、1931年開場のクリーブランド・スタジアム（1995年閉場）、そして三層からなる観客席を誇る旧ヤンキー・スタジアム（2008年閉場）であり、国内では1924年に開場し、大きな話題を呼んでいた甲子園球場である。

他にも、球場位置やグラウンドの広さ、観客収容人数に関しては大阪市立球場、宝塚野球場、神戸市立野球場、田園調布野球場、慶應大学新田野球場などを参考にしている。

特に、1923年に完成したヤンキー・スタジアムについては入念な調査を行い、神宮球場設計の際にかなり参考にしていることが伺える。

小林によると、日本国内球場の多くは「スタンド傾斜地にコンクリート」で固めたもの、あるいは木造で観客席を設けたものであり、室内設備が貧弱であると訴える。そこで彼が参考にしたのがヤンキー・スタジアムだった。

同スタジアムは野球グラウンドの周囲に四〇〇碼《ヤード》のランニングトラックを設け、陸上競技場と兼用せしめんとしたるものにして、観覧席下階には事務室、接待室、選手室（二室）、審判官室、練習所、医療室等を設け、又上階には事務室、接待室等を設く。選手室には二五個の更衣戸棚及五個のシャワーを、医療室にはシャワー・ラッピング・テーブル、電気マッサージ及び其の他の療器を備う。

このとき小林は、ヤンキー・スタジアムの詳細を知り、野球場とはただグラウンドと観客席を備えればいいものではなく、練習場所やトレーナー室など、それに付随する「室内設備」が必要であることを強く認識した。

しかし、敷地面積、そして関東大震災による人件費、資材の高騰などによって、小林の理想は大幅に妥協せざるを得なくなった。設計者、建築者はいつの時代も、理想と現実との乖離に煩悶するものなのだ。

それでも、スタンドの下には玄関、事務室、新聞記者室、4カ所の入口、選手室4室、浴室2室、一般食堂2室、切符売り場6カ所、選手出場路2カ所、さらに役員控え所を設けた。これだけでも、当時としては画期的なことだったのである。

「他に追随を許さない理想的な球場」

神宮球場が完成した1926年、この年の2月に発行された『土木建築工事画報』(工事画報社)第二巻第二号では「明治神宮　外苑野球場の設計」と題された特集が組まれている。そこには、いくつかの設計図とともに、完成直後の小林の率直な思いが述べられている。

明治神宮外苑の理想的野球場

世を挙げての運動熱に促されて、競技場の設計も次第に完備したものが生まれるようになった。ここに紹介する明治神宮外苑の野球場もかなり新規模のもので、工事上の特異なものとして記録することができる。

この野球場新設問題も建築費約七十万円の捻出によりかなり困難の模様であったが、六大学リーグの委員発起となり全国野球チーム及び野球団を有する中等以上の学校野球関係者等で約十万円を據金し、大部分の基金は神宮奉賛会より支出することになった。

野球場の設計は全部神宮造営局技師が各運動関係者の意見を参照して立てたもので、敷地約七千坪、約四万人の観衆を収容し、グラウンドの広さ四千坪で、落成の暁はその設備において、現在の日本では他に追随を許さない理想的な球場として注目されている。

本年九月までにはグラウンドを完成し、秋のリーグ戦はこの球場で華々しく挙行したいとの輿論に意気込み造営局は昼夜兼行準備に忙殺されている。

ちなみに舊臘、東京府市の中学校十一校及神奈川県の中学校七校の野球部学生百三十余名は、冬の休暇を利用して、スタンドの土工に懸命な労力奉仕をしたそうである。

この文章に触れるまで、神宮球場のスタンド建設に東京、神奈川の野球部学生が駆り出されていたということはまったく知らなかった。もちろん現在の観客席の一部は、第二次世界大戦中の空襲によって壊滅的なダメージを受け、戦後に新たに作られたものである。それでも、現在、私が日々座っているあの神宮のスタンドは、彼らの手によって作られた礎があってこそのものなのだ。そう考えると、実に感慨深い。

この特集記事によると、「敷地面積・約七〇四六坪、スタンド建坪約一〇一六坪」とある。一坪を3・3㎡とすると、敷地面積は2万3258・4㎡、スタンド建坪3352・8㎡となる。また、「観覧席面積・約七六〇坪、芝生観覧席面積・約一九一九坪」とあるから、それぞれ2508㎡、6332・7㎡ということになる。「芝生観覧席」は現在の外野席エリアのことであり、この当時はスタンド席に約8700人、芝生観覧席に約2万2000人、合計で3万700人が収容できる大規模な球場だった。

ちなみに、『明治神宮外苑七十年誌』では、より正確な数字が並ぶ。

敷地面積は、全面積約七、二一五坪（二万三、八一〇平方メートル）、グラウンド面積約四、一一一坪（一万三、五六六平方メートル）、スタンド観覧席面積約八〇〇坪（二、六四〇平方メートル）、芝生観覧席面積約二、〇二八坪（六、六九二平方メートル）。

スタンド建物は、建坪一、〇七五坪（三、五四八平方メートル）、中央部軒高約一二メートル、両側部軒高約九メートル、観覧席階段数三五段。収容人員は、スタンド観覧席約九、〇〇〇人、芝生観覧席約二万二、〇〇〇人の計三万一、〇〇〇人であった。

完成から5年後の31年には早くも増築工事が行われた。内野スタンドを約7m拡張し、スタンドを12段増設、スタンド下をアーケードとすることにした。同じく外野スタンドも約20m拡張した。これにより収容人数は一気に5万5000となった（資料によっては5万8000人というものもある）。このとき、神宮球場の大きな特徴であり、象徴でもある、現代に続くアーケード型通路が完成したのである。

教育者として、一貫して「戦争反対」を唱える

明治神宮外苑工事が一応の完成を見ると、小林は教育畑で生涯を過ごすことになる。日本建築学会の会長を務めつつ、この間、東京高等工業学校の教授として教壇に立ち、同校の大学昇格によって誕生した東京工業大学でも多くの後進を育てた。その後も、千葉大学工学

部部長、さらには学長も歴任し、教育畑でも数々の実績を残している。

日に日に戦火が苛烈となっていた42年のことである。

物資の乏しい時期ではあったが、ささやかながらも新入生の歓迎会が開かれた。当時、東工大の主任教授を務めていた小林は新入生を前にして、「諸君の建築へ進まれた動機、目的を聞きたい」と言い、「どうして、私が建築を志したのか?」を口にしたという。

かつての教え子が振り返る小林の言葉を『小林政一先生』から引用したい。


私自身の話をすると、高等学校（旧制）を終了し、大学に進むに当って建築を志望したのは、建築と言う仕事が、最も平和的な仕事であると思い、そう言う仕事がしたいと思ったからである。家や建物は人間そのものに密着し、人間の生活・活動を守るものである。この意味で、建築は最もヒューマンな工学であると言える。また、橋とか、道路はどんな人でも、犬や猫でさえも渡ったり、歩いたりすることが出来る。こんなに人間的で平和的、かつ博愛的でさえある創造の仕事が他の工学分野にあるだろうか?

私はそう言う仕事がしたくて、建築の道を選んだ。諸君は、果して如何なる動機、目的を以て建築を選んだのか?

この思い出を語った小林の教え子は42年に大学に入学したものの、戦禍の悪化に伴い、わずか2年後の44年に繰り上げ卒業を余儀なくされている。

また、別の教え子は戦時下における小林の別の言葉を紹介する。

卒業も近くなって、就職や兵役のことが話題になる頃、皆を集められて、その席での発言で「私は軍人と役人が大嫌いだ。できることなら君達をあんなものにしたくない」（戦時中のこと、おそらく余程腹に据えかねておられたことでもあったと推察する）と。

戦時中の官立大学の教授の発言としては不適切であり、不謹慎であることは言うまでもない。それでも、言わずにはいられなかったのだ。さらに、小林はしばしば「現在の戦局からして、必ずや敗戦に至るであろう」とも発言していたという。

一流の建築家である一方、教育者としても数々の実績を残している小林はなぜ、ここまで軍人と役人、そして戦争を唾棄していたのか？

これは私の勝手な想像でしかないけれど、彼が国立競技場の設計者であり、施工責任者であったことと、決して無関係ではないだろう。

戦局の悪化とともに、教え子たちが続々と戦場へ

43年10月21日――。

明治神宮外苑競技場では文部省学校報国団本部主催の「出陣学徒壮行会」が開かれた。大粒の雨が降りしきる中、およそ2万5000人の学生が銃を担いで入場行進を行った。

ここはかつて、小林が心血を注いで作り上げた競技場だ。

ギリシャ・アテネのパナシナイコ・スタディオン、イギリスのロンドン・スタジアム、ウェンブリー・スタジアム、ドイツのドイッチェシュタディオン、フランスのコロンブ、スウェーデン・ストックホルムのオリンピック・スタジアムなど、欧米各国の大規模スタジアムを研究して設計されたものだ。

このとき彼の胸の内は、「欧米各国に負けない競技場を作ろう」という青雲の志に満ちていたはずだ。世界中のトップアスリートたちが集う、どこに出しても恥ずかしくない一流のスタジアム建設に燃えていたはずだ。

しかし、戦局の悪化により、これからの日本を担っていくべき若者たちが戦地に駆り出されようとしている。建築家であり、教育者でもあった小林にとって、それは筆舌に尽くしがたい無念であったことだろう。そして、彼らが戦場へと向かう壮行会会場はかつて自分が設計した

明治神宮外苑競技場なのである。
もちろん、自分の作品である建築物に対しての愛情もある。ある教え子の回想には、こんな一文がある。

その頃既に空襲は段々劇しくなって、有名な建物が次々と焼かれて行く頃であったが、先生は御自分の設計になった神宮外苑競技場のことを心配されて、「どうも人の設計した建物が焼かれるのは余り気にならぬが、自分のやったものが焼かれるのは随分気になるものですナ」などと言われたこともある。

終戦から3年が経過した48年秋、小林はこんな句を詠んでいる。

紅葉する苑アメリカのように化し

明治節なく苑静かなり紅葉深し

GHQ（連合国軍最高司令官総司令部）による接収を詠んだものである。自分が心血を注いで作り上げた神宮外苑の諸施設がアメリカ軍の手に渡ってしまっている現実を、小林はどのように受け止めていたのだろうか？

明治神宮宮司鷹司信輔は、52年1月12日付で連合国軍最高司令官のリッジウェイに接収解除を要望する親書を送っている。これが、事態打開の突破口となった。同年3月31日付で明治神宮宛てに「使用解除財産返還通知書」が届いたのだ。

接収解除の際には、外苑管理部長として小林も尽力している。その後も、建築部門の学識経験者として外苑運営委員の一人に名を連ね、終生に渡って神宮外苑とともにあり続け、その発展を見届けていた。

その一方では、教育者としての生涯をまっとうし、彼のもとから多くの建築家が輩出した。さらに、戦死者たちへの弔いの思いから日本忠霊顕彰会、日本英霊奉賛会の会長となるなど、英霊弔意、偉徳顕彰運動に積極的に関わった。

晩年は俳句に親しみ、「茂吉」と号して、数々の句を詠んだ。さらに、日本書道界の大御所である豊道春海の弟子となり、同門の展覧会には多くの作品を出品している。あるいは、江戸後期の歌謡を愛し、哥沢千登葉会に所属して熱心に稽古をしていたという。

自宅には知人や弟子から贈られた蝦蟇蛙の置物や焼物が、玄関から軒下までずらりと並べられ、ある時期には自ら蝦蟇蛙の飼育までしていた。

穏やかな晩年を過ごしつつ、73年12月25日、小林は82年の生涯を閉じた——。

「建物は永久的のものである」

ゆかりの人たちによる追悼集である『小林政一先生』には、小林の手になる文章もある。「建築の技術」と題された一編には、彼の建築哲学が凝縮されている。

建築の技術は非常に尊い仕事である。何となれば、消耗する物品などを造るのと違って、建物は永久的のものである。どんなチャチな木造建築でも、火事で焼けない限りは、人生の二代、三代は住んでいける。鉄筋コンクリート建築となれば、殆ど永久に使っていける。言い換えれば、われ等は子孫に残す不滅の財産を造るのである。斯様に考えると、これを設計する建築士や、実際に造る工員の使命は非常に大きいといわねばならない。またどんな建築でも、まじめに良心的に仕事をしなければ、神に対してすまないという感に打たれる。

小林の座右の銘は「和顔愛語」だった。仏教用語で「穏やかな笑顔で、愛情のこもった言葉で話すこと」の意味である。一説によると、この言葉は「先意承問」と続くという。

和顔愛語
先意承問

和やかな笑顔とともに、愛情あふれる言葉で話し、相手の気持ちを察して、そのために自分は何ができるかを、自分自身に問いただすこと。

『小林政一先生』を読んでいると、生前の彼の温かい人柄をしのぶ追悼の言葉であふれている。小林は「和顔愛語」を実践していたのだろう。

先の一文を読んで、真っ先に神宮球場のことが浮かんだ。

小林は「殆ど永久に使っていける」と述べている。そして、「われ等は子孫に残す不滅の財産を造るのである」と自負している。

しかし、現在では神宮球場の建て替え計画が着々と進んでいる。現代を生きる我々は「永久に使っていける」ものを取り壊そうとしているのだろうか？　天国の小林は、現在の状況をどのように見ているのだろうか？

ふと、そんなことを考えてしまったのである。

人間は死んだら無になる。オレの骨灰は空からでも蒔いてくれ――。

近しいものに対して、生前の小林はそう語っていたという。建造物は「不滅の財産」であってほしいと願いつつ、死後の自分は「無」でいい。

それが彼の職業観であり、人生観であり、死生観だった。

小林が心血を注いだ神宮球場はやがてなくなる。新たな球場は、小林の理念を受け継いだものでなければならない。そんな思いが一層強くなった。具体的な球場案、設計図、建築パースが呈示されるのは、まだ先のことになるだろう。

2032年春、新たな神宮球場が完成する。

はたして、誰が設計責任者となるのか？　そしてそれはどんなスタジアムとなるのか？　小林の目から見て、合格点を与えられる球場となるのだろうか？

期待と不安が入り交じった心境、それが現時点の私の偽らざる思いである。

Baseball Field To Be Constructed In The Outer Gardens of The Meiji Shrine. This Field in Connection With The Stadium Already Erected Will Give Tokyo The Much Needed Center For Ahletic Games.

(1) 野球場透視圖　(1) As the Building Will Appear When Completed.

明治神宮 外苑野球場の設計

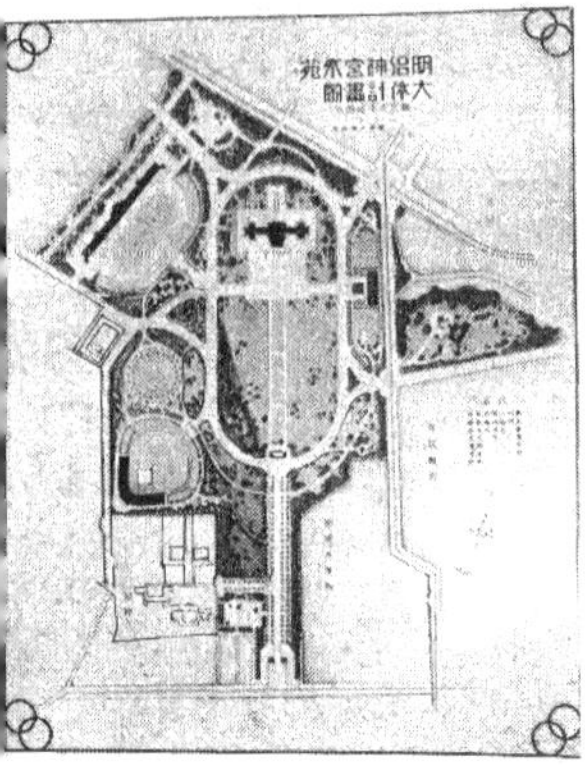

(2) General Plan of the Outer Gardens.

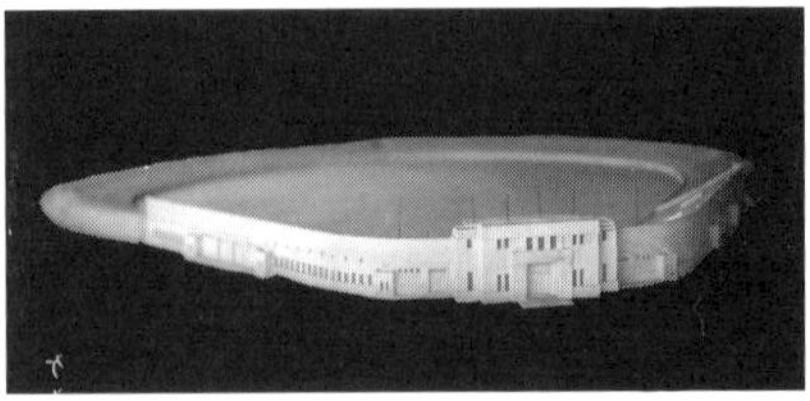

神宮球場の完成模型。

1926年、神宮球場の特別観覧席の建築風景。

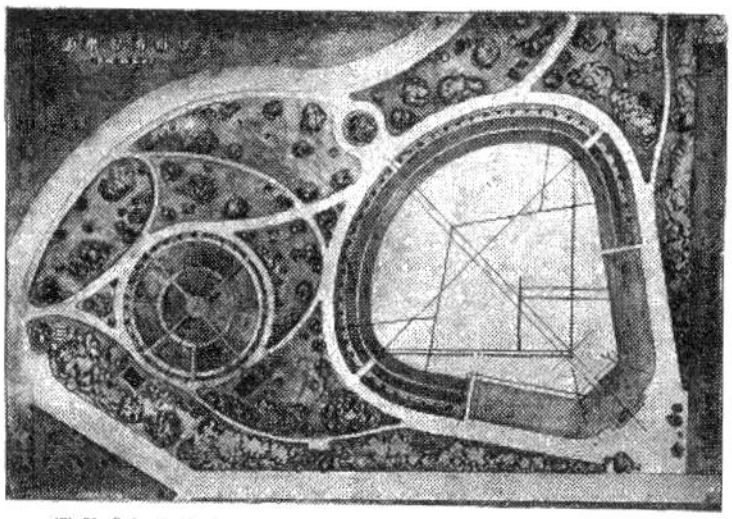

(3) 野球場配置圖　(3) Plan of the Projected Baseball Field.

明治神宮外苑の理想的野球場

世を驚けての運動熱に煽されて、競技場の設計も次第に完備したものが出れる様になつた。こゝに紹介する明治神宮外苑の野球場も可成新規模のもので、工事上の特異なものとして記錄することが出來る。

この野球場新設計劃も總設費約七十萬圓の鉅出に可成り困難の模樣であつたが、六大學リーグの委員會となり全國野球チーム及野球團を有する中等以上の學校野球關係者等で約十萬圓を醵金し、大部分の基金は神宮奉贊會より支出することになつた。

野球場の設計は奉贊神宮造營局技師が各運動關係者の意見を參酌して樹てたもので、敷地約七千坪、約四萬人の觀衆を收容し、グラウンドの廣さ四千坪で、落成の曉はその設備に於て現在の日本では他に追隨を許さない理想的な野球場となるものと注目されて居る。

本年九月末にはグラウンドが完成し、秋のリーグ戰はこの野球場で華々しく擧行したいとの輿論に意氣込み造營局は晝夜兼行準備に忙殺されて居る。

因に貴顯、東京府市の中學校十一校及神奈川縣の中學校七校の野球部學生百三十餘名は、冬の休暇を利用して、スタンドの土工に獻身的勞力奉仕をしたさうである。

外苑野球場概要

明治神宮造營局技師　小　林　政　一

一、敷地面積		約七〇四六坪	階段數	三二段
一、スタンド	建坪	約一〇一六坪	觀覽席面積	約七六〇坪
	奥行	一一間	一、芝地觀覽席面積	約一九一九坪
	軒高	四〇尺(中央部)二九尺(兩側部)	一、收容人員	
			スタンド	約八七〇〇人

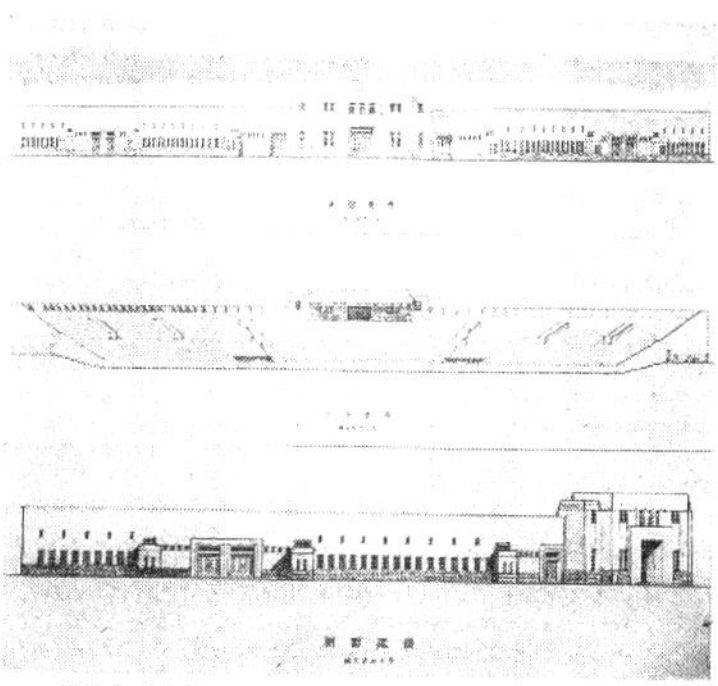

(4) 建物設計圖　上圖、正面立面圖　中圖、背面立面圖　下圖、側面立面圖　(4) General Plan of The Stands.

芝生觀覽席	約 二二、〇〇〇人
一、工費見込額	約 七〇〇、〇〇〇圓

一、位置　外苑の西南隅にして近衞歩兵聯隊と學習院に隣接する一角で、元此の部一帶には樹林泉地を設け幽邃なる區域となす計畫であつたのを中途より變更して野球場を設けることになつたのであります。

二、敷地　面積は總計約七、〇四六坪で中央の平地をプレイグランドとし其の外周にして本壘を中心としての三面には鐵筋コンクリート造スタンドを建設し、外野側三面には芝植の傾斜地を造成して觀覽席にあてる。

プレイグラウンドは現地盤を約七尺掘下げて約四、一一一坪の平地とし、適當に排水工事を施し、内野附近は表面を多少鋤取り砂混りの土を以て敷均し造成するのである。

三、鐵筋コンクリート造スタンド　幅十一間長九七間、V字形で其の構造は陸上競技場(現在の)と同様で、中央には特別觀覽席、同休憩室、附屬室便所を設け、其の前方及び左右の大部を一般の觀覽席とし、中央前面には新聞記者席プレイヤースベンチ、係員控席等を設けてある。座席はコンクリート階段上に幅六寸の腰掛を取付け、段數は三十二段で特別席を除き全部屋蓋を設けず露天式とする。入口は特別席は中央部に、一般席は左右部に

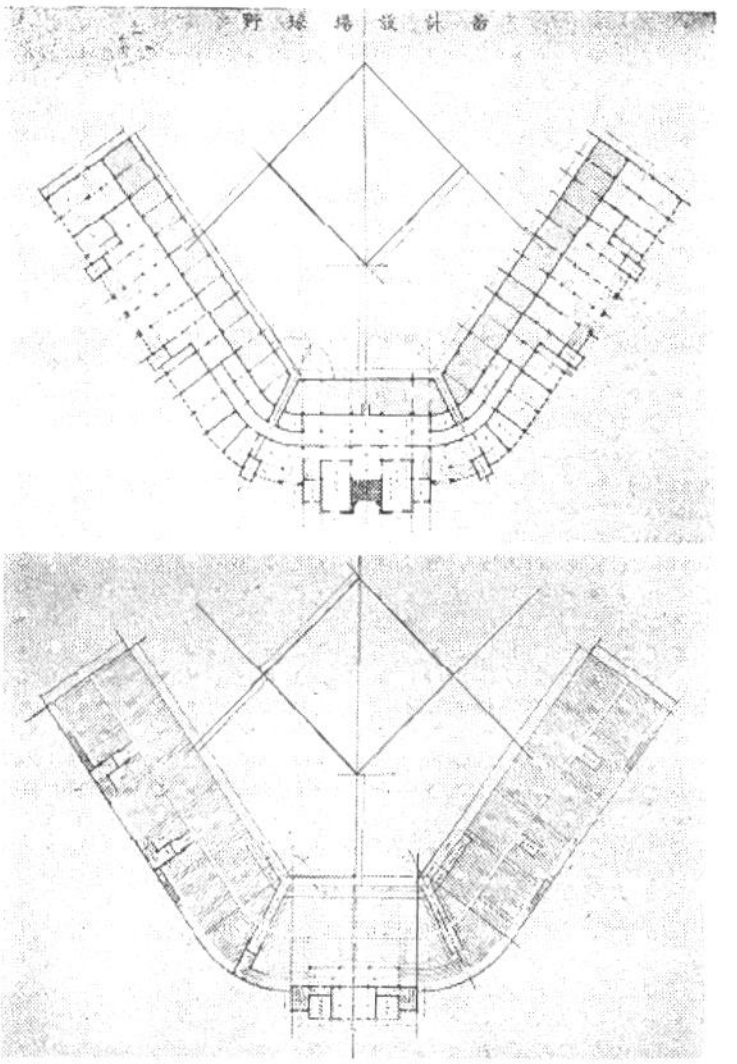

(5) 平面設計圖　上圖、一階平面圖　下圖、二階平面圖　(5) Sketches of the First and Second Tiers.

二ケ所宛を設け階段に依りスタンドの中央に出で更に通路に依り上下の座席に通ずる。尚は左右部には直接最上部に達する階段を設けてある。

スタンドの階下には中央部に玄關、事務所、貴賓室等を設け、兩側部には切符賣場、公衆入口、選手控室、シャワー室、倉庫、物置、便所等を兩側に設けてある。

外觀は腰部を擬石張りとなし、上部は全部モルタル仕上げ、窓廻り及び裝飾等の一部を人造石仕上げとし、又室内仕上げは極めて質素なる實用一方のものとする積りである。

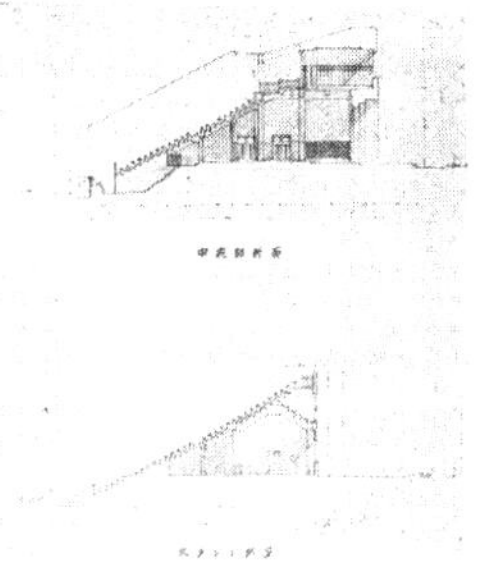

(6) 斷面圖　(6) Cross Sectional Sketch of the Bleacher Stand.

四、芝生觀覽席　外野側の觀覽席は下部は現地盤を鋤取り、上部は盛土をなして傾斜地を造り芝植となし觀覽席に充てる。其の高さは中央部に於て約十三尺兩側部に於て約二十二尺で勾配は中央部で約三寸兩側部に於て約五寸とし、中央部より兩側部に向つて自然に變化する樣なす計畫である。尤も急勾配の部分は芝生の階段とする。觀覽席の前方にはコンクリート造の手摺を設けて公衆の場内亂入を防ぎ後方には密植せる植樹帶中に柵を設けて外界との風致を遮斷し、入口を三ケ所に設くる外便所、告知板等を設くるのである。

五、收容人員　スタンドは特別席及び一般席を合せて約八千人、芝生觀覽席は約二萬二千人合計約三萬人を收容し得る見込である。

六、其他　本計畫は構造物の大さ、收容人員等に於ては米國等の例又は甲子園等には及ばないが、之が結構、外觀、設備等に付ては完全を期し度い考へである。勿論プレイグラウンドの大さは充分である。

經費は總額約七十萬圓の見込みで昨年十二月土工事に着手し、今秋全部完成の豫定である。

神宮球場の設計図。「土木建築工事画報 第2巻第2号 大正15年2月発行（1926年）、P13～17 明治神宮外苑野球場の設計」（提供：土木学会附属土木図書館）。

神宮球場の貴賓席。球場を見わたせる位置にあり、来賓の観戦時などに使用される。

球場内のアナウンスやスコアボードなどをコントロールする、オペレーションルーム。

バックスクリーンの最上部、球団旗などを掲揚するポール。

球場とヤクルトのクラブハウスをつなぐ、荒木トンネルの内部。

第八章

「神宮球場長」という重責

——再開発をめぐって

あるシンポジウムに参加して……

その日、そこに集っていたのは100人ぐらいだっただろうか？

参加者の年齢はバラバラで、ステージ上には4名のパネリストが並んでいた。神宮外苑再開発問題が注目され始めた頃、私自身、「具体的にはどんな計画なのか？」とともに、「一体、何が問題なのか？」ということが知りたかった。インターネット上にあふれるさまざまな情報を検索していて見つけたのが、この日に行われていたシンポジウムだった。

2023（令和5）年4月14日、神宮球場からほど近いドイツ文化会館ホール赤坂で開催された『「野球の聖地」伝統ある、緑の神宮球場を守ろう！シンポジウム』である。参加費は500円で、主催は「神宮球場に想いを寄せる市民の会」とある。

最初のスピーカーが神宮球場の歴史を解説する。

1926（大正15／昭和元）年のオープンであること、1934年にはベーブルースがプレーしたことなど、神宮球場が歴史的に意義深い建造物であることの説明が続いた。

その上で、アメリカの例を挙げ、ボストン・レッドソックスの本拠地であるフェンウェイ・パーク（1912年開場）、シカゴ・カブスのリグレー・フィールド（1914年開場）、そして、日本の阪神タイガース・甲子園球場（1924年開場）の例を挙げ、歴史を大切にする球団は建築当時の状態を残したまま、時代に合わせてリノベーションを続けてきたことを指摘し、「神宮球場も見習うべきだ」と力説。加えて「東京には緑が少ない」とアピールして、再開発に対する警鐘を鳴らした。

続いて、2人目のスピーカーが具体的な開発計画の説明をする。

例えば、「建国記念文庫の森」が伐採されてしまうこと、秩父宮ラグビー場に続く「18本のイチョウ並木」が伐採されること、「明治神宮外苑テニスクラブ」が移転されること、それに伴って「200本以上の樹木」が伐採されること……。

ちなみに、18本のイチョウ並木は、伐採ではなく移植が検討されている。

そして、1918年から始まる神宮外苑誕生計画の解説が続いた。

この一大プロジェクトをまとめる明治神宮奉賛会の会長は第十六代徳川宗家の徳川家達、副会長は渋沢栄一、明治末期から大正初期の東京市長を務めた阪谷芳郎、三井家の第十代当主・三井高棟らの主導でプロジェクトが進められたこと。球場建築費の総額は53万円で、そのうち東京六大学が5万円を負担したものの、さらなる増築が必要となり、追加で55万円を六大学が負担したことなど、詳細な解説が続く。

さらに戦後のGHQによる接収から、1952年の接収解除にいたる経緯などが語られたが、これらの内容は、すでに神宮外苑の関連書籍を読んで学んでいたことだったので、私にとっては「復習」の意味合いが大きいものだった。

このスピーチにおいて力説されていたのが、「神宮球場は歴史的建築物であり、移転ではなく改修によって聖地を守ろう」ということだった。

続いて3人目のスピーカーが今回の再開発の問題点を改めて訴える。

それは事前に配られていたリーフレットに詳細が書かれているもので、「神宮外苑再開発不都合な実像」と題された映像とともに、「高層ビルが大きな影となって、球場内は終日、日陰となり、野球のプレーに支障が出る可能性があること」「イチョウ並木のすぐ近くに球場が建設されることで根が枯れる可能性があること」などが語られた。

最後に登場したのが、「神宮球場に想いを寄せる市民の会」の代表で、事業者が作成しているイメージイラストを参照しながら、「新球場の設計者は野球の素人なのではないか?」などと、訥々と「神宮外苑再開発による新球場計画の問題点」を訴えた。その後、参加者からの質疑応答を経て、司会者が訴える。

「坂本龍一氏の死によって神宮外苑再開発問題が注目されるようになりました。これからも、みなさんが声をあげていくことが本当に重要だと思っています。小池百合子都知事が待っているのは、みんなが忘れること。だからこそ、声を上げ続けること。忘れないことが大切なのです!」

こうして、2時間ほどのシンポジウムは幕を閉じた。

それが、スピーカーたちの説明をひと通り聞いた上での感想だった。

（なるほど……）

このときの率直な思いを言えば、「自然を破壊するな」「緑を残せ」という主張に対しては、何も異存はない。いや、むしろ「無意味な伐採は絶対に避けるべきだ」と積極的に同意したい思いだった。「自然保護と環境破壊と、どちらを選びますか？」と問われれば、誰だって前者を選ぶのは当然のことだろう。

しかし、その一方では「それでは神宮内苑護持の資金はどうするのか？」「移転することなく、改修工事を行うだけで、すでに顕在化しているさまざまな問題を改善することはできるのだろうか？」という思いは、さらに強くなった。

国や都からの援助に頼らず、税金や補助金などの公的資金の投入も一切なく、すべて自前であれだけ広大な内苑の緑を護り続けるためには、相当な資金が必要となることは理解できる。少々古い数字ではあるものの、『明治神宮外苑七十年誌』によれば、1996（平成8）年度の神宮外苑の総売上高に占める神宮球場の割合は30・5％、売店・食堂の売上高は25・6％となっており、神宮球場を中心とする売上高は半分以上の約56％となっている。

つまり、神宮球場が生み出す利益がなければ、内苑護持は不可能なのである。

神宮内苑、つまり明治神宮の永続的な保全のために、その資金をどうやって捻出すればいいいのか、そのために、どうすればいいのか？

一方、築１００年を前にあちこちで水漏れしているという神宮球場は、本当に改修工事だけで諸問題を解決することができるのか？　本当にこのままでいいのだろうか？

私にはよくわからないことばかりだった。

また、「彼らは神宮球場で野球を見ているのだろうか？」という疑念も抱いた。

東京ヤクルトスワローズ戦の年間シートを購入して数年が経過した。通路側の席に座っているため、段差が異なる階段に躓いてビールをこぼす人を目撃するのは日常茶飯事だ。エレベーターやスロープの不備によって車椅子の人が遠回りを余儀なくされている姿も何度も見てきた。限られたスペースによる試合前後のコンコースの大混雑や、試合直後の球場外周の大混乱を解消するためのアイディアは述べられていなかった。いや、そもそもこの点について、何も問題視していないのではないか？

あるいは、ビジター選手用の駐車場が狭いため、選手たちはファンが行き来する一般スペースに停車しており、試合前の球場外周には、数千万円もする超高級車がずらりと並んでいる。一応、警備員は常駐しているものの、セキュリティ上、大きな不安が残る。

シンポジウムに参加して、再開発反対派の人々が、どんなことを問題視しているのか、懸念しているのかということはおおよそ理解できた。とはいえ、全面的に同意はできなかった。それがこの日の私の、率直な心境だった――。

改修工事を終えた甲子園球場との比較

彼は、かつて、神宮外苑長を務めた伊丹安廣が通った旧制佐賀中学をルーツに持つ、佐賀県立佐賀西高校卒業後、早稲田大学に進んだ。

大学では野球部に入部したものの、腰を痛めてしまったことで退部を余儀なくされた。大学卒業後に選んだのは明治神宮への就職だった。93年からの2年間はイチョウ並木脇の会員制テニスクラブの業務に当たり、95年から神宮球場に配属され、２０１２年から球場長となった。以来、神宮球場が職場となった。

それが、「あぶさん」こと、永渕洋三の息子・義規の歩んできた道のりである。

渡された名刺には「明治神宮外苑　明治神宮野球場　場長」という肩書が付されていた。12年から10年以上も神宮球場のトップを務めてきた人物だ。

「再開発事業についての問い合わせが多くて、多忙な日々を過ごしています……」

神宮球場に出向き、彼の話を聞きたいと思ったのは、『週刊ベースボールオンライン』（ベースボール・マガジン社）、23年9月9日配信「リニューアル改修できない神宮球場。甲子園球場との3つの違い」という記事を読んだからだ。永渕球場長へのインタビューを基に構成されているこの記事は、知りたかったことがコンパクトにまとめられていた。

先に紹介したシンポジウムでは、「甲子園球場を見習って、移転による新築ではなく改修すべきだ」という主張をしばしば耳にした。こうした声に対して、この記事では「甲子園球場との根本的な違いが3つある」として、次のようにまとめられている。

①工期の確保
②外周スペース
③建物の大きさ

①神宮球場の場合はプロ野球の全日程終了後も、10月に東京六大学リーグがあり、11月には明治神宮大会が予定されているため、「工期の確保」が難しいという。もしも、ヤクルトがクライマックスシリーズ、日本シリーズに進出することになれば、2022（令和4）年シーズンのように、プロ野球の日程もさらにずれ込むことになる。この年の日本シリーズ第7戦が行

われたのは10月30日のことだった。

②甲子園球場の敷地面積が約5万4000㎡であるのに対し、神宮球場は約4万2000㎡と狭いため、球場外周の歩行者動線を車両が通行する「歩車分離」がなされておらず、安全面から見て大きな問題があるという。敷地面積が狭いということは、工事車両の駐車スペースや資材置き場も不足することになるのは当然であろう。

さらに③については、外周のみならず延床面積の違いを理由に挙げている。神宮球場には球場スタンド下に練習場はなく、スワローズの選手たちは徒歩数分に位置する室内練習場でウォーミングアップを行っている。また、大学野球選手たちはファン、通行車両が混然としている中、球場外周で柔軟体操をしたり、ランニングをしたりしている。

日頃から、「何とかならないものか?」と感じていた問題点なので、ここに書かれている内容についてはスムーズに理解できた。しかし、「再開発反対」を掲げる人たちは、この記事に対して、「事業者の言い訳に過ぎない」と一刀両断し、同時に、記事を掲載した『週刊ベースボールオンライン』に対しても、「御用マスコミの提灯記事」と批判している。

そこで、「ぜひ直接、永渕球場長に話を聞いてみたい」と思った。インタビューの許可を得て、すぐに神宮球場に向かった。

「95年に神宮球場に配属されてから最初の10年間はチケット業務を担当していました。いきなり日本シリーズのチケット販売でとまどったことを覚えています。あの年はヤクルトとオリックスとの対決でしたね。今はかなりシステム化が進んでいますけど、当時は実券で売っているプレイガイドさんと、オンラインで販売しているぴあさんなどで取り扱っていたので、〝チケットをどこにどれだけ配るか？〟、それを《配券》というんですけど、なるべく効率よく販売するために配券したり、売れ行きを見ながら、売れているところにチケットを配券し直したりして、それを当日までに精算する。そんなことをしていました」

その後、神宮球場に関するさまざまな業務を経験した後、2012年から「球場長」となった。それは一体、どのような仕事なのか？

「今申し上げたチケットに関することも当然そうですし、飲食やグッズなどの販売、グラウンド整備や施設管理、改修工事に関すること、広告などの営業部門、そういったすべてのことをマネジメントすること、それが主業務だと言えると思います」

これまで見てきたように、神宮球場は東京六大学リーグなどの大学野球、高校野球、そして東京ヤクルトスワローズの本拠地としてのプロ野球と、プロとアマチュアが使用する球場である。その管理は他の球場にはない苦労を伴う。

「一般の方への貸し出しを含めると、年間450試合を超えます。これはおそらく日本一だと思います。それを抜かしても、シーズン中だけでも1日に2~3試合を行うことはザラです。プロ野球開催日の昼間に学生野球をやるのはうちだけです。他球場ではそんなことはありませんから、神宮球場はやはり異質だと言えるでしょうね」

もちろん、神宮球場で行われるのは野球だけではない。

毎年夏の恒例行事である「神宮外苑花火大会」もあれば、アイドルグループの乃木坂46は何度も神宮でライブを行っている。1986年には井上陽水と安全地帯が神宮球場のステージに立ち、『夏の終わりのハーモニー』を歌ったこともある。

あるいは、かつて、プロレスラーの高田延彦がスーパー・ベイダーからギブアップを奪ったのもここだし、高田と天龍源一郎が初めて激突して、96年のプロレス大賞年間最高試合賞を受賞したのも、ここ神宮球場である。

1年365日、神宮球場はフル稼働している。そして、そこで得た収益が球場の維持、改修資金となり、神宮内苑の護持として使用されるのである。

球場改修による「工期の確保問題」について

その成り立ちが東京六大学と深い関係にあることはすでに述べた。『半世紀を迎えた　栄光の神宮球場』にはこんな記述がある。

　この工費は六十万円であったが明治神宮奉賛会は四十八万円以上の支出は困難だというので、東京六大学野球連盟はバックネット・スタンドに特別指定席を設けて優待券を発行して五万円をつくり、これを奉賛会の四十八万円に加え五十三万円をもって建設された。

さらに、1930年から始まる拡張工事についてはこんな記述がある。

　拡張工事は清水組が施工、昭和五年十二月起工し、翌年の春のシーズン開幕までに完成することを目標とし、昭和六年四月八日に竣功をみた。総工費は五十四万九千九百六十八円、東京六大学野球連盟が負担したのである。

これも、この章の冒頭で紹介したシンポジウムにおいて、スピーカーの一人が言及していたことである。さらに永渕氏のコメントを紹介したい。

「東京六大学に関しては、昼の時間帯に春は8週間、秋は8~9週間、開催しています。もちろん、その間も夜にはスワローズのナイターがありますから、あくまでも学生野球とプロ野球とは共存共栄の関係にあると言えます。例えば、併用日はそれまでは午前11時スタートだったものが、今では10時スタートとなりました。これは、プロ野球の円滑な運営のために、学生野球サイドが協力してくれたから実現したものです。まさに、両者の協力の下で、これだけの過密スケジュールを滞りなく運営しているのが実態です」

再開発に疑義を訴える人々による「甲子園のケースを参考に改修工事を」という主張を聞いていて、「それは現実的には無理だろう」と感じていた。

仮に大規模な改修工事を行うとすれば、神宮球場で行われる試合をすべて中止にしなければならず、ヤクルトも学生野球も代替球場を探す必要が生じてくる。

例えば年間70試合程度の主催試合を開催するヤクルトの場合は、近隣の東京ドームを間借りすることで補えるはずもなく、プロ野球開催が可能で、3万人規模の収容人数を誇る球場を探すことになる。例えば静岡・草薙球場、新潟・HARD OFF ECOスタジアム、沖縄・沖縄セルラースタジアム那覇、もしくは毎年、主催試合を行っている松山・坊っちゃんスタジアム、あるいは北海道日本ハムファイターズが移転した札幌ドームなど、「神宮以外」を模索する必要が出てくるだろう。

この間、明治神宮の球場収入はゼロとなり、内苑護持は極めて困難となる。いや、そもそもそれだけの工事費をどうやって捻出すればいいのだろう?

まずは、大前提となる「どうして再開発が必要なのか？」と投げかけると、永渕球場長は静かに口を開いた。

「まず、真っ先に挙げられる理由としては〝狭い〟という理由があります。それは球場内も、球場外も同様です。延床面積で見てもご承知の通り、スタンド座席の前後幅、隣との幅、いずれも狭く、お客さまにご不便な思いを強いています。またコンコースや動線も非常に狭く、諸室などの数も足りず、増設するスペースもありません。こうした機能を外に出せるかと言えば、外はさらに狭い。もちろん、バリアフリー対応の問題もあるし、漏水など老朽化による不具合もあちこちに見られます。〝甲子園球場のように現況を活用しながら、大幅リニューアルを〟というご意見があることはもちろん承知していますが、実際のところはそれも難しい。これからの100年を考えると、〝建て替えなければ、現状の課題の解決はできない〟というのが、私どもの考えです」

再開発によって緑地は増える

今回の再開発計画によって、神宮第二球場、軟式野球場、バッティングセンター、フットサルコート、そしてゴルフ練習場がなくなることが決まった。これらの施設は、神宮外苑にとっての収益部門であり、直截的な言い方をすれば「カネを生み出す施設」である。

あえて収益部門を廃止する意図について、永渕球場長が解説する。

「今回の再開発計画のもう一つの目標として、〝現在よりもさらに緑地を増やす〟という狙いがあります。そこで私たちは収益部門の中から事業の見直しをすることになり、第二球場、軟式野球場などをなくすことを決めました。ゴルフ練習場もそうですが、こうした施設は、申し込みをすればどなたでも利用可能ですが、誰もがいつでもふらっと利用できるものではありません。ですから、今回の計画では軟式球場跡地を庭園にするなど、どなたでも気軽に利用できる施設を増やす計画を立案しています」

戦前の神宮外苑は、絵画館からイチョウ並木まで一本道で繋がっていた。しかし、GHQによる接収後、この道は分断された。接収解除後もそれは続き、絵画館とイチョウ並木の間にはフェンスで囲まれた軟式野球場が存在している。

今回の再開発によって、創建当初の姿に戻そうというのである。小林政一の理念に立ち返ろうというのである。

さらに、この再開発によって従前の約25％から、整備後は約30％に緑の面積は増加するという試算もある。

「誰でもいつでも自由に憩える場所を作るということも今回の大命題ですが、こうした点があまり報道されることがないのは残念です。現在、『神宮外苑地区まちづくり』というホームページを立ち上げて、みなさんからのご質問についてお答えしているんですけど、まだまだ周知されていないというのも課題点です」

永渕氏の語る公式ホームページ『神宮外苑地区まちづくり』には「Q＆A　ご質問」コーナーが設けられている。そこには「建替えが必要な理由について」「将来なくなる施設について」「周辺環境への影響について」「神宮球場について」「自然環境への影響について」など、項目ごとに一般市民から寄せられた質問と、その回答が掲載されており、24年12月時点で、１８７問のQ＆Aとなっている。

同ホームページによると、23年7月17日から24年8月25日までの時点で４６４件の質問、１１７件の意見が届いているという。

今回の再開発においてカギとなるのが、早期の公園機能の発現とにぎわいの創出を図ることを目的として、東京都が13年12月に創設した「公園まちづくり制度」である。

この制度は、当初の都市計画決定から概ね50年以上が経過した未供用区域のある都市計画公園・緑地を対象とするもので、未供用区域の一定規模以上を緑地などとして担保するとともに、一定の要件に沿った計画とすることを条件に、都市計画公園・緑地を変更し、都市開発の中で緑地等の創出を図るものだ。

簡単に言えば、公園として活用しきれていない「未供用区域」を整備するために誕生した制度である。事業者には一定の割合の緑地整備を義務づけることで、従来であれば建設ができなかった高層ビルの建設が可能となる。こうして、民間企業の参入を誘導することが実現し、開発資金の捻出に充てることが可能となる。そんなスキームである。

では、神宮外苑における「未供用区域」とはどこになるのか？

『神宮外苑地区まちづくり』Q87には次のような説明がなされている。


本計画における従前の未供用区域は現在の秩父宮ラグビー場の敷地を中心とする部分です。いつでも、誰もが入れる公園的な空間を整備することや、ラグビー場が使われていない時にも使用できる店舗や文化交流施設等の整備を計画しております。


はたして、定期的にラグビーの試合が行われる秩父宮ラグビー場は「未供用区域」と呼べるのかどうか？　この制度を司る東京都によれば「試合がないときはフェンスで囲まれているため、常に自由に出入りできるわけではないから未供用区域である」という。

それは単なる屁理屈ではないのか？　再開発に懐疑的な人々にとって、この点についても疑問の声が上がっている。

イコモスからのヘリテージ・アラート

前述した『週刊ベースボールオンライン』の記事が公開される直前の23年9月7日、ユネスコの諮問機関である国際記念物遺跡会議（イコモス）が、神宮外苑地区まちづくりに対してヘリテージ・アラートを発出した。

同日付の『朝日新聞デジタル』では《神宮外苑再開発に「ヘリテージアラート」　イコモス、事業撤回求める》と題された記事が掲載された。

イコモスが公表した文書によると、神宮外苑が市民の寄付や献木などで造られた経緯に触れ、「世界の都市公園の歴史の中でも傑出した例で、優れた文化遺産」と評価。再開発による超高層ビル建設などについて、国民や関係者との協議がなく「強く警告する」とした。

その上で、事業者に対して再開発の即時撤回を求めた。また、事業を認可した都に対して、都市計画決定の見直しを求めたほか、条例に基づく環境影響評価（アセスメント）に根本的な欠陥があったとして再審の必要性を指摘した。日本政府に対しても協力を求めた。

イコモスの公式ホームページによると、ヘリテージ・アラートとは「文化的資産の保全・継承を促進し、文化的資産が直面している危機に対して、学術的観点から問題を指摘し、未来世代に向けた保全と継承を促進するために、ICOMOSの専門家および公的ネットワークの活用を推進するために発する声明である」とある。

ユネスコの諮問機関であり、文化遺産保護の専門家集団による国際組織からの発出ではあるものの、法的拘束力や罰則規定はないという。それでも、これは一大事である。一体、どんな指摘がなされているのか？　公開されている原文の日本語訳に目を通した。

これによれば、神宮球場も秩父宮ラグビー場も移転せずに既存の施設をそのまま活用し、事業者サイドが提案している3棟の高層ビル建設の白紙撤回を訴えている。当然、事業者が計画しているよりも保存樹木は多くなり、樹木総数においても「事業者案・1998本」に対して、「日本イコモス案・2137本」となっている。

しかし、この計画には肝心の「内苑護持のための資金捻出」に関する代替案はない。神宮球場と秩父宮ラグビー場の入れ替えも行われないとなれば、工事期間は競技を中断しなければならず、明治神宮の収益は絶たれることになる。

これでは、両者の言い分は平行線をたどることは明白だった。

その後、事業者サイドと日本イコモスサイドのラリーが続く。詳細は省略するが、次のようなやり取りが展開された。

・９月29日……「ヘリテージ・アラート」に対する事業者見解について
・10月４日……「ヘリテージ・アラートに対する事業者見解について」（令和５年９月29日公表）に関する、イコモスの「ヘリテージ・アラート」における根拠の説明（※１）
・11月21日……神宮外苑を象徴するヒトツバタゴ大径木の現地保存のお願い
・11月21日……東京都環境影響評価審議会における科学的、公明正大な審議の要請
・12月26日……「神宮外苑地区市街地再開発事業環境影響評価書」におけるイチョウ並木の現況調査に関する虚偽の報告、及び事業に伴う環境影響評価の欠落に関する、東京都環境影響評価審議会における科学的、公明正大な審議と再審の要請（※２）

このやり取りは、翌24年も続く。

・９月24日……神宮外苑要望書
・10月17日……日本外国特派員協会（ＦＣＣＪ）会見内容および資料（２０２４年10月９日）

・10月23日……「(仮) 神宮外苑地区市街地再開発事業」の変更届の受理・公示に関し、東京都環境影響評価条例第63条に基づく、民主的手続き履行の要請
・10月24日……都庁記者会見資料(2024年10月24日)(※3)

先に、「ラリーが続く」「やり取りが展開された」と述べたが、実はこの表現は正しくない。その実態は、日本イコモスによる「お願い」「要請」ばかりだからである。明治神宮事業者サイドから発表されたのは23年9月29日の『「ヘリテージ・アラート」に対する事業者見解について』のみで、それ以外はすべて日本イコモスによるものだった。

これらの資料を精査すると、両者の認識には多くの齟齬があることがわかる。前ページ「※1」のレポートはA4で23枚にわたるものだが、そのうち21枚が樹木、イチョウ並木、オープンスペース、環境アセスメントに関するものである。

そこには、保存樹木について、太字で次のように書かれている。

事業者の回答は、本数のみの記載であり、ここに記したように、生態的構造、歴史的、文化的意味をふまえた森についての考察と保全・再生の考え方が欠落しています。

そして、さらに大きな文字で、こう結ばれる。

都市の森は、文化です。

これらはあくまでも「要請」であり、決して「命令」でも「強制」でもない。しかし、一連の文書には「執念」と呼びたくなるような静かなパッションがほとばしっていた。

改めて、永渕球場長とのやり取りについて言及したい。

――「ヘリテージ・アラート」から始まる、日本イコモスによる一連のやり取りについてお尋ねしたいのですが……。

そう切り出すと、永渕氏の表情が引き締まった。

「日本イコモスさんからのヘリテージ・アラートについては、いろいろと誤解されていることも多かったので、《事業者見解》として、こちらからも意見を述べさせていただきました。もちろん、神宮球場に関することに関しては我々が担当しましたが、今回は主に三井不動産が中心となって回答しました。私どもとしては、この計画の趣旨をご理解いただけるように丁寧にご説明申し上げるだけです……」

それまでと比べて、歯切れが悪くなったのがわかった。ヘリテージ・アラート以降も、立て続けに「要請」が出されていることに対しても、「ご質問、ご要望に関しては、我々のホームページにおいてもご回答差し上げていますし、これからも真摯に向き合っていきたいと思っています」と、踏み込んだ発言を引き出すことができなかった。

「増収を図るよりも、支出を減らせ」という主張

しかし、それは当然のことだろう。

永渕氏の立場を斟酌すれば、これは明治神宮外苑単体の問題ではなく、三井不動産、伊藤忠商事、独立行政法人日本スポーツ振興センターと、4つの事業者、それぞれに関わることであり、明治神宮のみの問題ではないということ。あるいは、明治神宮に限ってみても、内苑と外苑の足並みをそろえる必要があり、神宮球場長として独断専行に走るわけにはいかないこと。そうなれば、おのずと発言が慎重になるのも当然のことである。

24年4月5日には、NHK『首都圏情報ネタドリ！』で、「検証・神宮外苑　再開発　なぜ〝公園〟に高層ビルが…」が放送された。この番組では「初の単独インタビュー」として、三井不動産取締役専務執行役員・鈴木眞吾氏のコメントが放送された。

彼もまた「内苑の緑を守ること」について言及し、安定的に収益を上げるために神宮球場の

建て替えが必要であるということ、さらには施設の老朽化やバリアフリーを問題点として挙げ、建て替えの根拠の一つとしていた。

ここでポイントとなるのが、この発言だ。

> 今回の事業においては、公的な資金、補助金みたいなものはない形で、この事業を成立させるというふうに計画しています。我々が事業をあそこでやらせていただいて、そこでしっかり稼いでいくということも、経済的に必要なのは、自明だというふうに思っています。

事業者サイドは「そこでしっかり稼いでいく」ことは「自明だ」と考えている。一方の再開発反対派は「自然を破壊してまで経済活動を追求することは許せない」と訴える。

ここに両者の決定的な断絶がある。

私自身、両者の言い分も理解できる。しかし、事業者サイド、日本イコモスサイドの発言を精査していく中で、「やはり、内苑護持のためにも神宮球場の建て替えは必要だろう」と考えが傾くようになった。

その理由はなぜか？　再び、262ページで紹介した「※1」から引用したい。内苑護持のための資金捻出について、日本イコモスは明治神宮に対してこんな提案を行っている。Ａ４全

23ページの23枚目、まとめの文章である。

外苑の問題は、内苑の森の維持のために、老朽化した神宮球場の刷新が不可欠であるという論旨が度々、繰り返されます。これは、しっかりとした議論が必要です。

明治神宮は、森の維持を前提として、内苑を無償で受け取られました。いま、その維持が困難とされるのであれば、様々の方法を活用して、内苑の森の維持管理を軽減することを、まず、先行して考える必要があります。

つまり、「収益を増やすこと」ではなく、「支出を減らすこと」を考えろと訴えるのだ。その方策として、次の3点を挙げている。

・井伊家の池泉回遊式庭園を東京都に寄附する
・宝物殿のある芝生広場を公的管理に委ねる
・御本殿を囲む森は、特別緑地保全地区指定を行うこんな提案をした上で、レポートは次の一文で結ばれる。

同様に、外苑も、イチョウ並木は、2列すでに東京都の所管ですので、一体的に名勝として、東京都に委ねることも可能です。明治神宮におかれましては、収益施設のみを確保し、公共の利用に供しているエリア（芝生広場、御観兵榎の森）を、都市公園に移譲されれば、ひとり、負荷を背負うことなく、かけがえのない「社会の富」である外苑を、未来につないでいくことができると思います。

世界を視野に入れた、開かれた論議の場をもつことが、重要であると存じます。

以上

この文章を読んだときに、思わず息を呑んだ。

これまで、神宮内苑、外苑を守り続けてきた明治神宮に対して、「そんなに維持費が負担となるのなら、東京都に寄附すればいい」と提案しているのである。そしてそれは「税金投入」を是とする考えでもある。一宗教団体である明治神宮が、何とか自力での運営を模索している中で、「税金を投入して東京都が維持管理をすればいい」と言っているのである。

いくら法的強制力や拘束力がないとはいえ、これでは「寄附の強要」ととらえられかねない、あまりにも乱暴すぎる発言ではないだろうか？

それでは、神宮球場の改修資金はどのように捻出すればいいのか？　その後の維持費はどうやって生み出していけばいいのか？

おそらく、「今まで運営できていたのだから、これからも何とかなるはずだ」という思いが、その根底にはあるのだろう。それで本当に「これから100年先も続く、恒久的な明治神宮」は可能となるのだろうか？

明治天皇崩御の後、国民が明治天皇と、その后である昭憲皇太后の事績に思いを馳せ、国民の憩いの場となることを目的として、国民の献金と献木、そして青年団の勤労奉仕によって、明治神宮外苑は誕生した。そして、第二次世界大戦後に法律に則った手続きを経て国より払い下げを受け、それを宗教法人明治神宮が維持、運営してきた。

その成り立ちを見れば、「明治神宮外苑は国民の固有財産である」と主張する意見があるのも理解できる。しかし、現在では明治神宮の土地となっているのも事実だ。

その事実を無視するかのように、「苦しければ手放せばいい」というのは、個人的には承服しかねる。日本イコモスの「要請」は乱暴すぎる。それが、私の本音だ。

ここからは、個人的な憶測となる。

おそらく事業者サイドも、当初は日本イコモスによる「要請」に向き合っていたはずだ。しかし、あまりにも一方的な提案ばかりが続き、「これ以上、対話を重ねても意味はない」という結論に至ったのではないか？

一連の再開発事業については、所定の手続きを踏んでおり、法的には問題はない。しかし、「三井不動産グループ2社に都庁局長ら幹部14人が天下りしていた」という『しんぶん赤旗（24年6月16日付）』報道や、「風致地区で守られていた神宮外苑が、森喜朗元首相によって開発が可能になったのでは？」など、さまざまな意見が噴出する中で、ますます冷静な議論が難しくなった。

日本イコモスのレポートには、事業者サイドに対して、「要請や御提案を、ことごとく無視され、約束を無断でキャンセルされ、説明を受けられることもなく、今日に至ります」という過激な一文もある。東京都が認可した「公園まちづくり制度」の適用についても、262ページで紹介した「※2」では、「前代未聞の異常な都市計画」と一刀両断し、「※3」では「建国記念文庫・第二球場の移植樹」について、「机上の空論」と激しい言葉で批判している。

両者の言い分は真っ二つであり、歩み寄りは困難なのだ。

「神宮球場らしさ」を、どのように遺すか？

神宮球場の発展に貢献し、野球殿堂入りした伊丹安廣の世話になり、プロ野球選手となった永渕洋三。そして、その息子もまた神宮球場の長となった。

改めて永渕義規球場長に、神宮球場の魅力について尋ねると、それまでとは打って変わって、穏やかな表情となった。

「こんなことを言うと偉そうですけど、僕ほど神宮球場に愛着を持っている人間はいないと断言できます。長年、ここに関わっていますから、それも当然のことですけどね。この球場は、歴史があって荘厳な佇まいなのに、それでも気軽に足を運ぶことができて、身近に感じられる。そんなところが最大の魅力でしょうね。都会の真ん中にあって、夜風に吹かれながら野球を楽しめて、ビールを呑むこともできる。仕事でなければ、僕だってビールを呑みながら、野球観戦がしたいですね（笑）」

本人の言葉にあるように、彼はここでは「観客」ではなく、「球場長」である。私人としての立場と、公人としての立場を切り分けて、この球場に関わっている。

「個人的感情の部分と、球場長としての立場と、これはもちろん切り分けて考えています。個人的には、〝できるならばこのままの形で残したい〟という思いがあります。外周アーケードの雰囲気なんか、歴史を感じられて最高ですから。でも、球場長としての立場で言えば、〝これから100年先のことを考えれば、位置を変えて建て替えるしか神宮球場を未来につなぐことはできない〟と考えています」

新しい神宮球場に必要なのは、旧神宮球場のレガシーをきちんと継承することである。25年1月時点では、まだ具体的な設計図は完成していない。それでも、これから具体的な建設プラン制作に関わる者たちは、かつて小林政一が掲げた崇高な理念をきちんと継承してほしい。そんな願いが、私にはある。そしてそれは永渕球場長も同様だ。

「神宮球場らしさというのは、外周アーケードの連続するアーチだったり、レンガ調の外壁だったりだと思うんです。そして、座席はこれまで同様にブルーにしたい。もちろん、それは私の一存で決まることではありませんけど、ぜひ、これまでの《神宮球場らしさ》は失いたくない。そんな思いはとても強いです」

当初の計画通りに進めば、2032年春に新神宮球場は完成することになる。このとき、永渕氏は62歳となっている。60歳で定年だとしたら、すでに彼は神宮球場から去っていることになる。

「新しい神宮球場が完成するとき、自分がどんな立場で何をしているのかは、自分でもわかりません。ただ一つ言えることは、どんな立場であろうとも、その完成がとても楽しみです。一体、どんな球場になっているのか？　ぜひ、自分の目で確かめたいと思っています」

本当に計画通りにプロジェクトは進んでいくのかどうかはまだ不透明だ。今後、計画の見直しや、延期、もしくは中止がないとは言い切れない。その舵取りの一端を担っていくのが、球場長である永渕氏の重大な役割でもある。

「責任はとても重いです。でも、その反面、やりがいも大きいのも確かです。もうすぐ神宮球場は100周年を迎えます。そして今、新たな神宮球場建設の計画が進んでいます。この球場にとっての変革期に自分が関わることができるのは幸せなことだと思います。今、多くの方が愛している神宮球場を、未来の人々にも愛着を持ってもらえるようにすること。それが私の重大な使命だと、肝に銘じている次第です……」

そして、最後にこんな言葉を口にした。

「……今、お客さま、そして選手たちが困っている課題についてはすべてクリアしたい。そして、ただ課題を解決するだけではなく、訪れてくれた人がワクワクするような球場にしなければ建て替えをする意味がありません。現在、再開発についていろいろな懸念を抱いている人が多いことはもちろん承知しています。でも、そうした方たちも含めて、〝建て替えてよかったな〟と思ってもらえる球場にすること。それが私の仕事だと考えています」

再開発反対運動が起こる中、それでも新時代に向けて、新たな神宮球場を作り上げていく。

永渕球場長の責任は重い。その分、やりがいも大きい。
新神宮球場——。
そこで選手たちは、どんなプレーを披露するのか？
そこでファンは、どんなシーンを目撃するのか？
新たな伝説の舞台は、どんな球場となるのだろうか？

軟式球場方面から見た神宮球場のバックスクリーン。

1931年から変わらないアーケード型通路。

球場内の通路から見た
神宮球場。

1993年5月19日、国立競技場（手前）でJリーグ、神宮球場でプロ野球のナイターが初の同時開催（提供：朝日新聞社）。

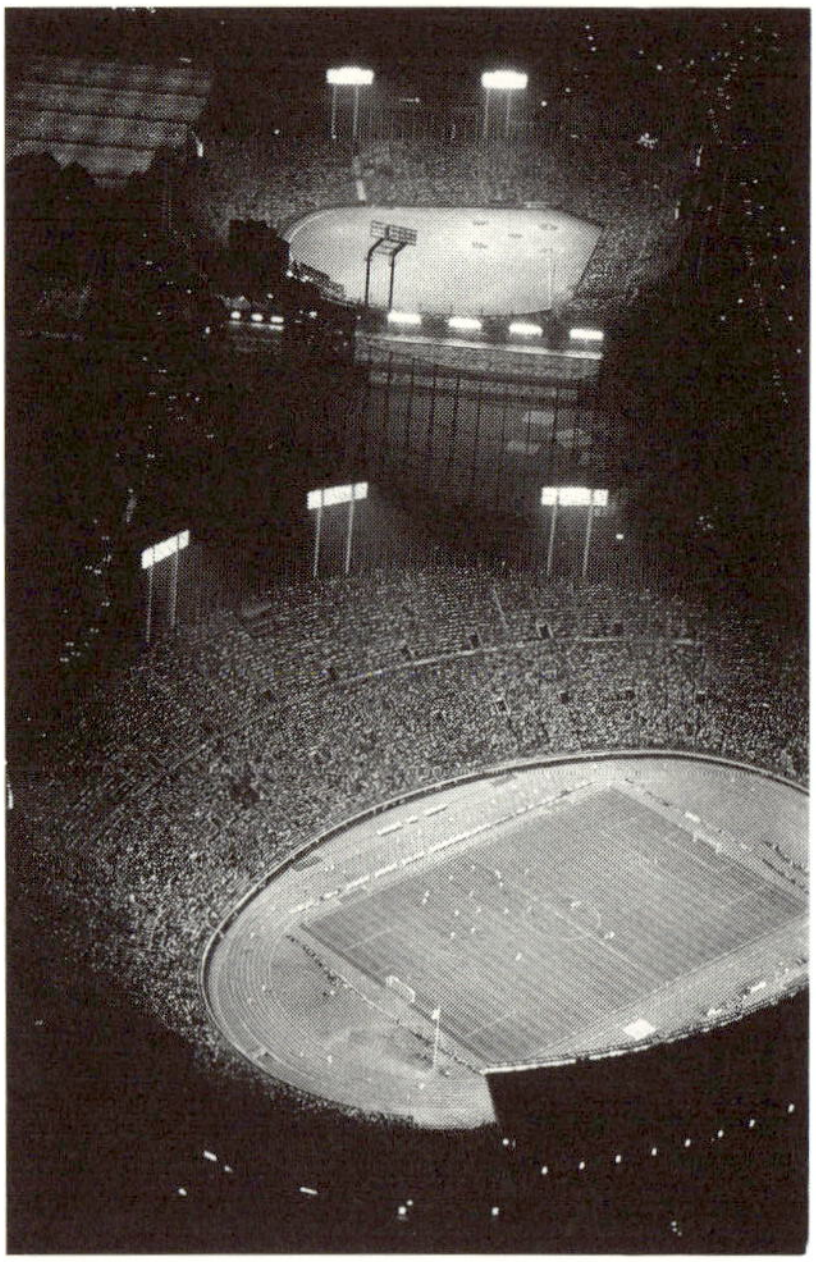

2023年6月、白い工事用のフェンスで覆われた神宮第二球場周辺（提供：朝日新聞社）。

2023年4月、神宮外苑。右端はイチョウ並木。右下から左上に向かって、秩父宮ラグビー場、神宮球場、解体中の神宮第二球場、国立競技場（提供：朝日新聞社）。

2017 年、建設中の国立競技場（奥）。手前に神宮第二球場、神宮球場（提供：朝日新聞社）。

終章

神宮の夜空を舞った男たち

——歴代優勝監督の系譜

5人のヤクルト歴代優勝監督

長年にわたって東京ヤクルトスワローズの「応燕」を続けているということは、本書において何度も触れてきた。

前身の国鉄スワローズが誕生したのが1950（昭和25）年のことだ。

その後、サンケイスワローズ、サンケイアトムズ、アトムズ、ヤクルトアトムズ、そしてヤクルトスワローズと変遷し、古田敦也監督時代の2006（平成18）年からは「東京」が冠せられ、現在の東京ヤクルトスワローズとなった。これまでこのチームはリーグ優勝9回、日本一には6回輝いている。歴代優勝監督は次の通りだ。

広岡達朗（☆1978年）
野村克也（1992、☆1993、☆1995、☆1997年）
若松勉（☆2001年）
真中満（2015年）
髙津臣吾（☆2021、2022年）

※☆は日本一

広岡監督が神宮の夜空を舞ったのは、私が8歳の頃のことだった。この頃はまだ野球に興味も関心も持っていなかったけれど、優勝翌日のサンケイスポーツ1面をモチーフにした下敷をヤクルトレディ（当時は《ヤクルトおばさん》と呼ばれていた）からもらって、しばらくの間使っていたことを記憶している。

その後の野村、若松、真中、そして髙津監督の胴上げシーンはすべて現地観戦し、この目で目撃している。それぞれ、大学時代、会社員時代、フリーランスライター時代であり、たまたま私の20代、30代、40代、50代と重なっている。

私が10代だった80年代はまったく勝てず、初めてファンクラブに入会した80年に2位になって以降はずっとBクラスで、「弱い、弱い」と思っていたけれど、その後は実に8回もリーグ優勝を経験しているのだから、実は意外と強いのかもしれない。

野村監督が初めて神宮で胴上げされたのは93年のセ・リーグ優勝試合だ。その前年は甲子園球場でリーグ制覇を果たし、日本シリーズでは西武ライオンズに敗れたため、本拠地である神宮球場での胴上げはこのときが初めてだった。

5人の歴代優勝監督が、初めて神宮球場で胴上げされた日時は次の通りだ。

広岡達朗……78年10月4日（セ・リーグ優勝決定）
野村克也……93年10月15日（セ・リーグ優勝決定）
若松勉……01年10月25日（日本一決定）
真中満……15年10月2日（セ・リーグ優勝決定）
高津臣吾……22年9月25日（セ・リーグ優勝決定）

繰り返しになるけれど、広岡監督以外は、すべてこの目で見届けている。私にとって、唯一、この目で観戦していない優勝の瞬間、それが広岡達朗の胴上げなのである。

歴代優勝監督が語る「神宮での胴上げ」

生前の野村克也氏に尋ねたことがある。

「優勝して、神宮の夜空に舞った瞬間はどんなお気持ちでしたか？」

この質問に対して、ノムさんは言った。

「それはもう最高ですよ。天にも昇る心地というのは、こういうことを言うんでしょう。監督というのは、誰もがこの瞬間を経験するために戦っているわけだから。しかも本拠地ならば、やはりその喜びは格別ですよ」

01年10月、神宮球場で日本一を達成した若松勉氏にも同じ質問をした。

「あのときは、胴上げする前から〝空中で一回転させてやれ〟って、選手たちが話していたんです。特に石井ですよ、石井一久が〝それーっ〟って音頭を取って、率先して僕のことを一回転させた。あんな経験をしたのは僕ぐらいのものでしょ。おかげで、あれ以来ずっと腰に不調を抱えるようになってしまったんですよ」

本人の言葉にあるように、神宮球場で胴上げされた監督はたくさんいるけれど、空中で一回転させられた監督は若松さん、ただ一人だろう。ちなみに、この瞬間を撮影したパネルは、今でも私の仕事場に飾っている。

それから14年が経過した15年10月には、真中満氏が神宮の夜空を舞った。

この年の9月下旬から10月上旬にかけて、私はある取材のためにドイツにいた。ベルリンから日本の動向を気にしつつ、（今回は優勝試合の観戦は無理だろう……）と諦めていたところ、雨天中止などが重なり、運よく観戦することが可能になった。

成田に着いたのはこの日の昼だった。大荷物を抱えて神宮球場に向かったのも、今となってはいい思い出だ。真中さんにも「神宮球場での胴上げ」について質問を投げかけた。

「あの日は延長戦にもつれ込んで、雄平のサヨナラヒットで優勝が決まったんだけど、選手たちがはしゃいでいる姿を見て、ホッとしたことを覚えています。たくさんのヤクルトファンの前で胴上げされて、そしてファンの前でビールかけもした。本当に夢のような瞬間でしたね」

そう、このときはファンが見守る中で、選手たちによるビールかけが行われた。見ず知らずのファン同士が肩を組み合い、ビールを酌み交わし、実にいい時間が流れていた。

そして、高津監督にも同様の質問をした。彼が監督に就任したのは２０２０（令和２）年、コロナ禍真っ只中のことだった。無観客試合や入場制限があり、声出し応援が禁止されていた頃に、彼は指揮を執っていたのだ。20年、21年、彼はしばしば言っていた。

「僕が監督になってから、満員の神宮球場で、大歓声に包まれて試合をしたことがないんです。早く、元のような観戦スタイルに戻ってほしいと思います」

就任2年目となる21年、高津監督は見事に日本一に輝いた。しかし、彼が胴上げされたのは、横浜スタジアムであり、ほっともっとフィールド神戸だった。そして翌22年、高津監督はリーグ優勝を成し遂げた。９月25日、場所は神宮球場だった。

「頭が真っ白になりましたね。ついに神宮球場で、大勢のヤクルトファンの前で勝つことができた。あれは本当に嬉しかった。21年はハマスタだったし、自分たちの試合に勝利してマジック1とした後に、２位タイガースの試合結果を待ってからの胴上げでした。でも22年は自分たちの本拠地である神宮で、しかも自分たちの力でサヨナラ勝利という劇的な優勝でしたから、その喜びは格別でした」

現役時代、彼は何度も胴上げ投手となった。日本シリーズでの通算防御率は0・00で、相手に1点も許さなかった。そんな彼でも、監督として胴上げされることは「現役時代とはまったく違う喜びだった」と語るのだった。

「神宮球場は神聖な道場です」（広岡達朗）

「優勝の瞬間？　よく覚えていないなぁ……」

電話の向こうの広岡達朗は、困惑した様子で言った。すでに92歳となっている。半世紀近くも前の出来事だ。記憶が曖昧なのも仕方がない。

それでも、当時の状況を事細かに説明し、当時の選手たちから聞いたコメントを伝えていくうちに、少しずつ記憶の奥底に眠っていた感情が呼び起こされていくようだった。

「あの年は、私が監督となって3年目のことだった。少しずつ戦力が整ってきて、その前年には2位になって、〃よし、今年はいけるぞ〃という思いで臨んだシーズンだったね。優勝経験のない選手たちばかりだったから、ペナントレース終盤には緊張やプレッシャーのために本来の力を発揮できないこともあったけど、それでも選手たちの力で何とか優勝できた、日本一になった。そんなシーズンだったね」

なおも話を続けていくうちに、胴上げの瞬間の記憶が鮮やかによみがえる。

「そうそう、あのときは優勝と同時に観客がグラウンドになだれ込んできて、収拾がつかない状況の中で胴上げをされたんだ。選手たちに胴上げされながら、興奮したファンの人たちが狂喜乱舞しながら取り囲んでいる。ある種の恐慌状態だったと言えるでしょうね」

当時の映像を見ると、押し寄せる群衆を前に広岡さんは自らマイクを握り、ファンに向かって何事かを述べている。興味深いのは、興奮していたファンたちはみな静かに座り、彼の話を聞いていることだ。まるで、教祖様のご託宣を拝聴する信者のようである。あのとき、広岡さんはファンに向かって、どんなことを口にしたのか?

「さすがに、そこまでは覚えていないよ。おそらく、感謝の言葉を述べつつ、〝どうか落ち着いて〟といったことを伝えたのだと思うね」

優勝翌日となる78年10月5日付の『日刊スポーツ』には、こんな記述がある。

グラウンドに飛び降りたファンの群れはいつまでも去ろうとしなかった。もみくちゃの胴上げ。もう一度、広岡監督が見たいという欲求がうず巻いていた。「広岡さんを出してくれ」絶叫が神宮の森を何度も包んだ。そしてこの時、ハプニングが起きた。

広岡監督がマイクを手に持ち、ファンの前に姿を現したのである。

このとき、広岡監督はファンへの感謝の思いを伝えている。

「みなさん、ありがとうございました。みなさんの、私達の夢である優勝を達成出来ました。開幕前にお約束したことが実現出来、感無量です。でも、これからが苦しいのです。次の目標である〝打倒阪急〟に向かって突き進みます」

球団史上初となる優勝監督となった広岡さんは早稲田大学野球部員として、大学時代から神宮球場で活躍した。神宮球場の思い出について尋ねると、少しだけ饒舌になった。

「私は広島の呉から上京して早稲田に入学した。当時から、神宮球場は憧れの球場ですよ。初めてグラウンドに足を踏み入れたとき、試合に出たとき、いずれも震えるような興奮と感動を覚えたものでした。何しろ、学生野球の聖地なんだから」

広岡さんが早大野球部員として在籍していたのは50年4月から54年3月のことである。第三章の伊丹安廣の項や、第七章の小林政一の項で述べたように、この時期はGHQ（連合国軍最高司令官総司令部）による接収、そしてその解除の時期と重なっている。

「えっ、接収されていた？　『ステートサイド・パーク』と呼ばれていた？　申し訳ないが、そんな記憶はないな。他の球場で試合をした記憶もない。申し訳ないけど、その点については何も覚えていないない」

接収下にある野球部員の貴重な意見が聞けるかもしれないと期待したけれど、本人が「記憶にない」というのであれば仕方がない。ちなみに、『栄光の神宮球場』には、この時期の思い出を語る杉下茂のコメントが掲載されている。明治大学から中日ドラゴンズに入団し、「フォークの神様」と呼ばれた大エースである。

神宮球場は接収されていましたから好きな時間に使えるはずもなく、たしか早大とのゲームであったと思いますが、午後もおそくの試合開始で九回近くには暗くなりました。その翌日、二回戦でしたが、朝八時か九時からのゲームです。これを連投したのですが、あの食糧事情でしょう。これはこたえました。

この『栄光の神宮球場』には、当時ヤクルト監督だった広岡氏のコメントも掲載されている。

神宮球場は神聖な道場そのものでした。

それから半世紀近くが経過した今、改めてこの言葉を広岡さんに伝える。受話器の向こうで、彼は静かな口調で言った。

「その思いはまったく変わりません。神宮球場は神聖な道場です。選手として、コーチとして、そして監督として、私は神宮球場に育てられました。ヤクルト時代は、私にとって、今でもいい思い出ですから」

92歳となった名将の言葉が、深く、静かに私の中に染み入っていくようだった。

広岡達朗が語る新神宮球場に望むこと

球界のご意見番として、現在でも舌鋒鋭い提言を続ける広岡さんに改めて「神宮再開発」について尋ねると、「ラグビー場と野球場を入れ替えるんだろう」と彼は言った。

これまでの広岡氏の発言から、開発に否定的なコメントとなるのだろう。そんな予想をしていると、彼は意外な言葉を口にした。

「古くなって不具合が生じてきたのなら、新しくするのは当然のこと。修理して対処できないのなら、取り壊して新しいものを作ることは自然の摂理」

いいものはいい、悪いものは悪い。常に是々非々である広岡氏らしい発言だと言えるのかもしれない。さらに彼は続けた。

「大切なのは、これまでの神宮球場らしさをきちんと受け継ぐこと。その上で、選手たちにとって最適な野球場を作ること。そうであれば、私としては何も言うことはない」

順調に計画が進めば、新球場が完成するのは2032年のことになる。このとき、広岡さんは百寿、つまり100歳となる。

「私が100歳のときに新球場が完成する？　その頃には私はいない……」

決して冗談めかした口調ではなく、真剣な物言いだった。

「……新しい時代は、新しい人たちが作っていけばいい。大切なのは、常に真理を見つめ続けること。物事の本質を忘れないこと。そうすれば道を誤ることはない」

92歳の老賢人の言葉は重い。広岡さんの言葉を聴きながら、私は伊丹安廣の言葉を思い出していた。彼の死後に刊行された遺稿集『一球無二』には、こんな一文がある。

最後に、神宮野球場の運営の基本方針をかかげて筆を擱く。

本野球場は全国民の景仰する明治神宮外苑の聖域に存し、国民の体育・徳育の道場として長くわが国最高の地位と輝く歴史を保持してきた球場である。従って我々は

一、本野球場においてはスポーツマンシップに輝く最高の野球の行われることを希い、選手並びに観衆に対しこの球場にふさわしい品位を保たしめ、全国野球人の憧れの球場たらしめることを期すものである。

二、本球場の施設はこの球場にふさわしい最も高い品位と最も優れた設備をそなえることを期すものである。

三、本球場の歴史に鑑み学生野球の発展に寄与するため、精神的にも経済的にも協力せんとするものである。

伊丹の掲げた理想が、改めて現在、強く求められている。はたして新しい神宮球場はどのようなスタジアムとなるのか？　現在の神宮球場はどんな終焉を迎えるのか？

私たちは今まさに、「これからの１００年」の始まりを生きている。

歴史の証言者としての「今」を過ごしている——。

1978年のプロ野球セ・リーグ、ヤクルト－中日24回戦でヤクルトが初優勝を決め、ナインに胴上げされる広岡達朗監督（提供：朝日新聞社）。

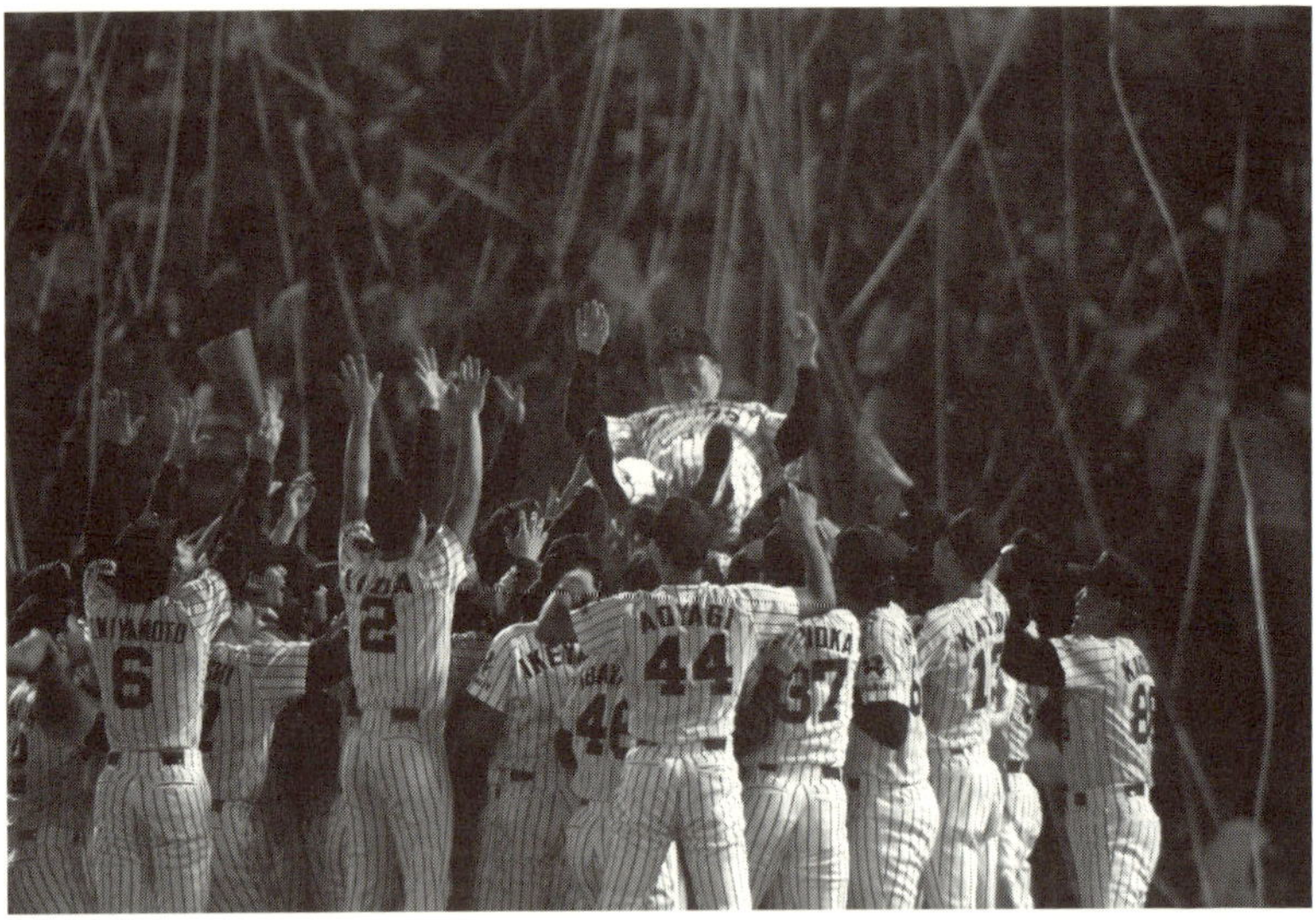

1992年、1993年に続き、1995年もセ・リーグ優勝を決め、選手たちに胴上げされる野村克也監督（提供：朝日新聞社）。

2001年、ヤクルト－近鉄の日本シリーズを制し、胴上げされるヤクルト・若松勉監督（提供：朝日新聞社）。

2015 年、サヨナラ勝利でリーグ優勝を決め、胴上げされるヤクルトの真中満監督（提供：朝日新聞社）。

2022 年、サヨナラ勝利で優勝を決め胴上げされるヤクルトの髙津臣吾監督（提供：朝日新聞社）。

あとがき　これまでの100年、これからの100年

取材ノートを見ると、最初の取材は2023（令和5）年4月になっている。あるいは、長年書き続けている『5年日記』をふり返ると、この本の企画が持ち上がったのがその前年の22年11月になっている。このときから、神宮球場のみならず、明治神宮内苑、外苑に関する書籍を手当たり次第に取り寄せて、少しずつ読み進めていった。そして「ある程度、明治神宮の全体像が理解できたのではないか？」と思えた頃から、断続的に取材を始めた。

このとき意識していたのは「私的神宮球場史を書こう」ということだった。

幼い頃からこの球場に言い知れない愛着を抱き、大人になってからも頻繁にこの地を訪れているからこそ、「神宮球場のことをもっと知りたい」と思い、好奇心の赴くまま、この地にゆかりのある人々を訪ねて、話を聞いて歩いた。

気がつけば、取材当時103歳の方をはじめ、90代、80代の方々の話に耳を傾けていた。彼ら、彼女らと、作者である私が生きてきた時代はまったく異なる。育ってきた環境も、歩んで

きた道のりもまったく違う。けれども、私たちは「神宮球場」という紐帯によって共通の時間を過ごし、刺激的なやり取りを交わすことができた。そして、共通の思いを抱くことができた。それがすなわち「神宮球場は私にとって、とても大切な場所だ」という思いである。

選手として、監督として、神宮球場で汗と泥にまみれながら歓喜の、あるいは無念の涙を流した者もいる。あるいは、この球場を職場として、さまざまな立場から試合やイベント運営に関わっている者もいる。そして私のように、一観客として長年にわたってスタンド席で手に汗を握りながら一喜一憂している者もいる。

こうしたすべての人々の、さまざまな物語を見守ってきたのが神宮球場である。

24年秋に最後の取材を終え、3カ月ほどかけて本書を書き上げた。執筆中は、取材時のさまざまな思い出が頭をよぎった。話を聞かせてもらった方々のインタビュー音源を聞いていると、ますます神宮球場が大切な場所になっていくのが実感できた。

本書でも触れたように、明治神宮外苑は今、再開発計画の真っ只中にある。

どのような推移で計画が進んでいくのか、どのような形で新しい神宮外苑、そして神宮球場が完成するのか、いまだ不透明な部分も多く、再開発に反対する人々もいる。すべての人にとって納得のいく結論を導き出すことは困難であるということはもちろん理解している。

それでも、新しい球場の誕生を心待ちにしている自分もいる。新しい球場には、新しい夢が詰まっている。その一方で、現在の神宮球場には100年分の歴史と栄光が刻まれている。

故《ふる》きを温《たず》ねて新しきを知る――。

この本の取材、執筆を通じて、私の意識にあったのはそんな思いだった。ようやく筆を擱《お》くことができる今、改めて本書に関わってくれた多くの人々に感謝したい。取材に協力いただいた方々、みなさんの体験、経験、言葉がなければ本書は絶対に完成しなかった。

カバー写真撮影の際はヤクルトの「応燕」仲間である山口紀義氏に世話になった。過酷な状況下でも意欲的な写真を撮影してくれた朝日新聞出版・佐藤創紀氏、そして企画の最初から刊行に至るまでずっと伴走を続けてくれた谷野友洋氏にも感謝。迷走しがちな作者に、常に的確なアドバイスを送ってくれたからこそ、この本はこうして出版されるのだ。

そして、24年11月に86歳で亡くなった徳武定祐氏のご冥福を心から祈りたい。

これまでの100年、これからの100年――。

これまで同様、これからも、神宮球場とともに歩み続けていきたい。

神宮球場99周年　2025年正月　長谷川晶一

外野中央

TOSHIBA
一番搾り
住友重機械
文教大学
安藤ハザマ
清水建設

Coca-Cola
TOSHIBA
一番搾り

住友重

明治神宮野球場
FATHERS DAY

マイナビ

フージャース
Coca-Cola
一番搾り

長谷川 晶一（はせがわ・しょういち）

1970年5月13日生まれ。早稲田大学商学部卒。出版社勤務を経て2003年にノンフィクションライターに。2005年よりプロ野球12球団すべてのファンクラブに入会する、世界でただひとりの「12球団ファンクラブ評論家®」。著書に『生と性が交錯する街 新宿二丁目』（角川新書）、『詰むや、詰まざるや 森・西武vs野村・ヤクルトの2年間 完全版』（双葉文庫）、『中野ブロードウェイ物語』（亜紀書房）、『名将前夜 生涯一監督・野村克也の原点』（KADOKAWA）ほか多数。

神宮球場《じんぐうきゅうじょう》100年物語《ねんものがたり》

2025年2月28日　第1刷発行

著　者　長谷川晶一

装　丁　鯉沼恵一（ピュープ）

発行者　宇都宮健太朗

発行所　朝日新聞出版

〒104-8011 東京都中央区築地5-3-2

電　話　03-5541-8832（編集）

03-5540-7793（販売）

印刷所　株式会社光邦

Published in Japan by Asahi Shimbun Publications Inc.

ISBN 978-4-02-252036-4